本书为湖北省人文社科后期资助项目
（编号：2121062）的最终研究成果

知识产权研究文丛

个人制造视域下3D打印版权侵权问题研究

马秋芬 著

知识产权出版社
全国百佳图书出版单位
—北京—

图书在版编目（CIP）数据

个人制造视域下3D打印版权侵权问题研究/马秋芬著. —北京：知识产权出版社，2022.12

ISBN 978-7-5130-8508-3

Ⅰ.①个… Ⅱ.①马… Ⅲ.①快速成型技术—知识产权保护—研究—中国 Ⅳ.①D923.404

中国版本图书馆CIP数据核字（2022）第240085号

责任编辑：刘　睿　邓　莹　　**责任校对**：潘凤越
封面设计：张国仓　　**责任印制**：孙婷婷

个人制造视域下3D打印版权侵权问题研究

马秋芬　著

出版发行：知识产权出版社有限责任公司　**网　　址**：http://www.ipph.cn
社　　址：北京市海淀区气象路50号院　**邮　　编**：100081
责编电话：010-82000860转8346　**责编邮箱**：dengying@cnipr.com
发行电话：010-82000860转8101/8102　**发行传真**：010-82000893/82005070/82000270
印　　刷：北京建宏印刷有限公司　**经　　销**：新华书店、各大网上书店及相关专业书店
开　　本：880mm×1230mm　1/32　**印　　张**：6.875
版　　次：2022年12月第1版　**印　　次**：2022年12月第1次印刷
字　　数：150千字　**定　　价**：48.00元

ISBN 978-7-5130-8508-3

前　言

3D 打印开创了数字革命的新局面，为产业发展带来机遇的同时，也面临着知识产权风险，对知识产权提出了挑战，尤其是对被认为技术之子的版权。计算机辅助设计（Computer Aided Design，CAD）文档同其他数字化作品一样，借助传播效率至上的互联网在未经授权的状态下极易复制和传播，因此产品制造商面临售后市场零部件新型竞争模式，CAD 文档版权人则面临数字作品未经授权的复制和传播。为避免重蹈数字音乐大规模版权侵权的覆辙，规制网络数字作品非法共享乱象，需要在我国著作权法体系内研究如下问题：3D 打印中作品客体资格和客体类型；个人制造视域下 3D 打印侵权构成与例外；侵权主体所承担的侵权责任；以及个人制造视域下 3D 打印版权侵权背景下的行政政策应对。

首先，本书全面梳理 3D 打印生态系统，分析 3D 打印流程中各参与主体身份和版权客体特殊生成方式，突出 3D 打印中版权侵权主体多样、作品大多数具有实用性的特征。其次，研究个人制造视域下 3D 打印版权侵权类型及其构成要件。直接侵权行为涉及行为人未经版权人许可“复制、传播和演绎”等使用作品的行为，间接侵权行为涉及“帮助、教唆”行为人实施侵权行为。鉴于3D打印网络服务提供平台在作品交易过程中扮演的角色，不适用避风港原则，直接按照一般侵权共同侵权规则认定即可。对于个人制造视域下3D打印版权侵权例外，主要分析合理使用判定标准，在人人都可以成为作者的背景下，转换性使用可以作为合理使用的判定标准，而不再分析作品使用行为的商业性目的。最后，借现行著作权法对版权客体作出开放性规定之机，建议确定“实用艺术作品”类型，为兼具艺术和实用功能作品的保护提供实体法依据，同时在整个著作权法体系内对作品进行类型化规定。另外，在立法技术上对于合理使用采取开放式列举，应对不断变化的技术可能会给著作权法带来的挑战。明晰3D打印版权侵权规则，既有助于为技术发展提供良好的法律环境，又能为人们在文档共享和产品打印过程中提供行为指导。

目　　录

第一章　导　　论

第一节　研究背景与意义

数字化技术已经渗透商品制造、传播和消费的各个领域，在破坏旧有商业模式的同时促进了新商业模式的诞生，并且为创造性表达提供了新形式，进而给知识产权法带来了挑战。3D 打印技术作为连接数字和物理世界的桥梁，使字节和原子自由切换，在尚未形成公认有效的新商业模式之前，伴随 3D 打印技术而来的是“民主化盗版”的担忧。3D 打印技术经历了“原型设计”、“快速成型”、“直接制造”和“社会制造”四个发展阶段。“社会制造”被称为个人制造、消费者制造或全民制造，是指借助 3D 打印技术，人人都可以由“消费者”转变为“生产者”，成为“产销者”(prosumer)，“社会制造”逐步推动“民主化盗版”现象成为现实。

如同其他颠覆性技术一样，3D打印给现有知识产权体系带来挑战，3D打印对知识产权保护对象的创建和传播带来潜在威胁❶，导致法律适用的不确定性。作为与技术发展密切相关的知识产权法，3D打印技术给版权法带来的挑战更为复杂。历史经验表明，新技术逐渐发展成熟的过程，是技术与版权法互相磨合的时期。数字音乐领域的奈普斯特（Napster）之于娱乐行业，正如3D打印之于设计和制造产业。❷从最初忽略数字化发展趋势，到数字音乐收入总额上升至不容忽视的规模，非法共享行为泛滥，传统音乐版权人开始寻求解决之道。在大规模数字音乐版权侵权发生之际，整个音乐产业采取向包括终端用户在内的所有侵权行为人提起诉讼，但是并没有达到预想的效果。最终解决措施是结合各种形式的许可和采用新的商业模式，解决大规模版权侵权问题。❸3D打印带有自我创造和批量生产版权作品的巨大潜力，数量日益增加的3D打印社区和群体基数庞大的个人用户极大地推动了家用3D打印机的发展以及CAD文档的可及性，版权客体面临猖獗的侵权威胁。在未来，零售商面临的最大竞争可能来自消费者自己打印产品。个人3D打印需求的增长在2010—2012年保持稳定，全球销售的打印机数量从5978

---

❶ 美国研究顾问公司Gartner. 3D打印将导致全球知识产权权利人每年损失1000亿美元［EB/OL］.（2014-02-12）［2018-07-28］. http://www.gartner.com/newsroom/id/265831.

❷ Desai, Magliocca, Patents. Meet Napster: 3D Printing and the Digitization of Things［J］. George Law Review, 2014, 102 (3): 1691-1693.

❸ Jeppe Andersen. The Intellectual Property Implications of Consumer 3D Printing［J］. Department of Business Administration, 2014, 17 (3): 43-45.

台增加到35 508台。❶ 仅仅两年，3D打印机购买数量的这一显著增长说明了3D打印机的迅速普及。CAD文档在线共享数量也得到显著提升，2007—2015年，谷歌浏览器上“3D打印”的搜索量增长了8倍以上。❷ 3D打印机制造商之间的竞争导致价格下降到2000美元以下，像MakerBot这样的3DP公司正在努力确保将来这些打印机可以像沃尔玛那样以99美元的价格便宜销售，几乎人手一台。但是，3D打印行为中个人制造问题并没有完全受到重视，法律文献和司法案例中更是鲜少涉及。

从3D打印已经发生的版权侵权争议来看，参与主体多元、版权客体类型归属不明、直接侵权和间接侵权模糊、侵权抗辩规则不详等问题十分突出，造成“复制欺诈”、“版权蟑螂”和“寒蝉效应”等消极影响。有鉴于此，研究3D打印中版权侵权认定应提上议事日程，避免重蹈数字音乐盗版泛滥之覆辙。尤其是3D打印个人制造领域，不同于工业、医学、军事等已经具有成熟商业模式和稳定发展秩序的产业，3D打印个人制造是版权侵权多发领域，但也是快速推动家用3D打印发展的主力军，因此个人制造层面的3D打印是重要研究领域。

本书研究3D打印中个人制造所带来的版权侵权问题。在学术研究价值方面，本书以版权侵权为视角，立足3D打印设计制

---

❶ Pedro Malaguias. 3D打印变革：知识产权分析［EB/OL］.（2014-08-08）［2019-11-12］. http：//ssrn. com/abstract=2495416.

❷ 网站搜索利益：3D打印，谷歌趋势［EB/OL］.（2016-02-01）［2019-11-12］. https：//www. google. co. in/trends/explore#q=%223d%20printing%22.

造分离特征，融合法学、材料技术学、公共管理等不同学科，分析 3D 打印产业发展过程中版权侵权认定规则，以期为产业发展和法律完善作出贡献。在实践应用价值方面，通过明晰 3D 打印过程中版权侵权规则，从解释论角度适用已经完成修正并颁布施行的新《著作权法》，为国家、制造业、企业战略制定和政策出台提供参考，在版权战略助推下最大程度实现产业升级。在社会发展价值层面，行之有效的版权法侵权规则有利于 3D 打印产业实现良好的可持续发展秩序，强化版权意识，规范自身行为，提高参与主体的使命感和社会责任感。

第二节　研究方法

本书以个人 3D 打印技术应用给版权制度带来的挑战和影响为研究对象，以此为基础研究 3D 打印版权侵权规则。以 3D 打印版权侵权争议为开端，以侵权主体、客体到侵权内容为顺序展开，最后分析 3D 打印版权侵权抗辩。立足我国具体国情，借鉴发达国家 3D 打印版权侵权判定方法，分析现有 3D 打印版权侵权问题，进而为我国 3D 打印产业快速发展提供可行的侵权判定标准。本书主要采用以下研究方法。

第一，文献研究法。本书广泛收集国内外关于 3D 打印 CAD 文档的知识产权保护研究论文资料、数据资料及法律法规，并对资料作理论分析与归纳，系统梳理他人的研究成果，在此基础上提出可行性建议。通过文献研究方法，了解 3D 打印技术发展背景，梳理个人 3D 打印现象出现的社会、经济和政治原因，总结归纳其发展规律，预测发展前景。

第二，案例分析法。本书收集国内外 3D 打印版权侵权相关案例进行分析，重点分析版权客体类型、独创性判断、权利内容以及侵权例外，归纳总结司法判例经验和学者观点，为本书版权侵权研究主题分析提供实践和理论依据。3D 打印版权侵权目前在我国还没有司法案例，国外出现较多个人 3D 打印版权侵权纠纷，绝大多数采取“通知—删除”规则解决争议，因此收集到的案例没有尽可能多地吸收司法审判经验，这是本书研究的薄弱环节。

第三，法解释学方法。具体分析 3D 打印 CAD 文档所涉知识产权保护问题，通过运用法解释方法，对各国知识产权法律法规、政策等进行解释。例如，对各国有关法律文本的内容含义、构成要件、适用范围和法律效果等进行解释或针对具体案件事实对不确定法律概念予以确定。本书主要运用法解释学方法对版权体系内作品类型、权利内容进行解释分析，尽量将其内涵和外延明确界定。

第四，比较研究法。本书拟通过比较研究法，将域内外知识产权法制度对 3D 打印产业的版权规制进行比较研究，同时比较音乐和电影背景下反盗版努力与个人可打印小型艺术品盗版，通过比较分析美国和欧洲的情况，借鉴相关域外经验，从制度层面提出完善我国版权制度建议。

第三节 文献研究综述

一、国内外研究现状

3D打印，又称为增材制造（Additive Manufacture），是一种材料节约型绿色制造技术；集计算机、机械、网络信息、材料应用等学科知识于一身的综合性技术。[1] 其工作原理为将CAD数字文档发送至3D打印机，层层打印堆叠生成物理对象。3D打印首次出现是在20世纪80年代，最初适用领域仅限于有限的工业应用，所以人们对该技术知之甚少。[2] 其后在设计师、工程师和建筑师的合作努力下，有限的工业应用被拓宽至快速成型、零部件定制和结构复杂产品打印等领域。重要转折在于“立体光刻成型”和“熔融沉积建模”专利到期，受众最多的消费者或个人制造最大程度推广3D打印技术，而日渐成熟的工业领域应用则让3D打印技术开始受到国家政府层面的关注。《经济学人》杂志对3D打印技术寄予厚望，称其将拉开第三次工业革命

---

[1] 樊宁. 基于3D打印技术的微电子器件制造［J］. 微纳电子技术，2019（10）：44－51.

[2] 刘鑫，武兰芬. 面向专利技术融合的3D打印产业化路径选择研究［J］. 科技进步与对策，2017，34（22）：72－77.

帷幕。❶ 各国政府相继出台产业支持政策，我国对3D打印产业发展作出重要战略部署，自此3D打印进入快速发展阶段。

从历史发展维度看，3D打印技术历经原型设计、快速成型、直接制造到社会制造四个阶段。❷ 3D打印“颠覆性”技术本质，是在经历几个应用阶段之后逐渐显现的。❸ 相较于传统减材制造，3D打印技术优势及其所带来的挑战越来越明显。❹ 主要表现为：第一，制造工艺灵活、定制化简易，允许公司完全按照客户需求和愿望制造产品，进而给原型产品和定制化生产带来更高经济收益；❺ 第二，解决产品种类和单位成本难题，优化产品功能，尤其是在功能性产品改善方面极具优势，典型产品如助听器，因为需定期变更设计和制造从而耗费大量劳动力的问题，3D打印可以轻松解决；第三，打印传统制造不可能完成的复杂产品，例如整体打印多部件产品，或者打印网格甚至是中空结构产品，3D打印将不可能变为可能。❻ 此外，3D打印优势还包括节约材料、减少能耗、缩短产品上市周期、降低生

---

❶ 经济学人：第三次工业革命［EB/OL］.（2013-10-15）［2018-08-28］. http：//www. economist. com/node/21552901.

❷ 高群，郑家霖. 我国3D打印技术“峡谷”研究：特征、成因与跨越路径［J］. 大连理工大学学报（社会科学版），2016（2）：37-44.

❸ Eisenberg M. 3D Printing for Children：What to Print Next?［J］. International Journal of Child-Computer Interaction，2013，17（1）：7-9.

❹ Mellor S，et al. Additive manufacturing：A framework for implementation［J］. International Journal of Production Economics，2014，14（9）：194-201.

❺ Berman B. 3D printing：The new industrial revolution［J］. Business Horizons，2012，5（5）：150-156.

❻ Petrovic V. Additive layered manufacturing：sectors of industrial application shown through case studies［J］. International Journal of Production Research，2012，49（4）：1063-1070.

产成本和环境友好等。在优势之外，3D打印技术带来的挑战也不容忽视：3D打印机价格尚未达至家庭普及程度、打印可用材料种类增加缓慢、打印大型物理对象耗时、用户友好型软件仍待进一步开发，等等，这些技术上的问题有待进一步解决。

（一）3D打印技术发展现状及趋势

随着3D打印技术日趋成熟，它开始被应用到很多产业领域。目前有航空航天、汽车、医药、建筑、珠宝和消费品产业。大量研究3D打印实施过程的著作已经出版。例如在建筑行业，使用3D打印定制房屋能够减少50%～60%的成本，同时增加建筑设计师在3D打印房屋过程中的重要性，因为3D打印就是使用机器忠实还原建筑师设计图纸的过程。[1] 在助听器产业，1989—2008年，3D打印大大提高了助听器质量和生产率，明显增多的自动化流程降低了生产成本，复杂多变的助听器造型能够更好改善辅助设备舒适性和声学配合度。在汽车制造领域，3D打印已经可以大批量生产汽车零部件。类似3D打印应用案例不胜枚举，这得益于制作工艺、打印材料和打印装备的日益成熟。正如有学者指出，3D打印技术应用已经遍布产业链上游、中游、下游，上至材料、光电和软件，中间涉及不同应用领域3D打印设备生产，下至国防、科技、民生产业，覆盖面极

---

[1] Kothman I, Faber N. How 3D printing technology changes the rules of the game: Insight from the construction sector [J]. Journal of Manufacturing Technology Management, 2016, 27 (7): 932-940.

其广泛。[1] 福布斯杂志也公布了未来3D打印影响最大的十二个行业，在上述应用领域之外增加服装和纺织品、家居装饰、硬件和国家基础设施、生物工程以及地方小批量生产。[2]

3D打印技术应用领域逐渐渗透各行各业，与之相应的3D打印平台也逐渐增加并完善。全球范围内，处于领先地位的3D打印企业主要有美国3D Systems、Stratasys，以及德国EOS，它们占据较多市场份额；首个服务网站Ponoko开放于2007年，Sculpteo、Shapeways和Thingiverse等平台紧随其后，为CAD文档分享提供平台。[3] 根据3D打印领域知名咨询公司IDC发布的3D打印消费指南，其中显示2019年3D打印产业销售额从2015年的110亿美元增长至267亿美元，美国、欧洲和亚洲是3D打印主导区域，也是最大经济贡献区域。Frost & Sullivan公司发布的《3D打印技术在汽车行业的执行分析》报告称，尽管3D打印处于起步阶段，但在汽车领域，尤其是售后、二手车市场能够发挥很大作用，因此，预计2025年3D打印汽车行业销售额可达43亿美元。[4] 由此可见，3D打印商用模式已经初见成效。

美国不仅在3D打印技术方面处于领先地位，其在政策制定方面也具有前瞻性，作为当前3D打印技术最发达的国家之一，

---

[1] 韩秀成. 3D打印产业专利竞争态势研究报告［J］. 专利分析简报，2013（3）：1－26.

[2] 李广连. 福布斯与你分享未来受3D打印影响最大的十二大行业［J］. 3D打印世界，2018（45）：8－9.

[3] 刘永辉，尹作重，黄双喜，马国军，刘华. 面向3D打印云服务平台的体系架构研究［J］. 制造业自动化，2017（6）：145－156.

[4] 2025年3D打印在全球汽车行业里的销售将达43亿美元［EB/OL］.（2015－04－20）［2018－02－06］. http：//www.jiaheu.com/topic/55474.html.

为扶持3D打印产业积极实施各种支持政策，在国家战略层面，美国政府将3D打印技术视为振兴制造业的“再工业化战略”[1]，现有产业结构也转变为高附加值、知识密集和新技术创新的基础[2]。美国政府同时制定了《重振美国制造业框架》(2009)、《先进制造业合作伙伴关系》(2011)、《美国制造》(2011)、《材料基因组计划》(2011)、《国家先进制造战略计划》(2012)、《国家制造创新网络》(2012) 以及《先进制造合作伙伴关系2.0》(2013) 等。在美国先进制造国家项目办公室的协调和管理下，国家制造业创新网络将所有政策联系在一起付诸实践，10亿美元的启动金由美国联邦政府提供，所有政策一起发挥作用，快速推进美国先进制造业的发展。

在宏观层面制定政策的同时，美国政府为加强国家增材制造创新研究所（America Makes）建设采取了一系列具体支持措施和政策：在投资政策方面，政府投入初始资金，并广泛动员社会资本和研究力量，包括企业、大学、科学技术实验室、非营利组织、联邦政府及州和地方政府[3]；在产学研合作方面，企业和大学组织合作伙伴，以促进技术创新、产品质量和产品开发并降低产品成本，从而增强全球竞争力；在税收政策方面，

---

[1] G. Y. Shi. American De – industrialization and the Formation of Post Industrial Economy [J]. Journal of Liaoning University, 2013, 9 (41): 130 – 138.

[2] Y. C. Huang, et al. Analysis on the Mystery between China's Deindustrialization and U. S. Reindustrialization: Based on the Interactive Externality between Services and Manufacturing [J]. China Industrial Economics, 2013, 14 (3): 10 – 17.

[3] Qijun Zhang. Analysis on Operation Mechanism of the U. S. National Additive Manufacturing Innovation Insititute [J]. Global Science, Technology and Economy Outlook, 2015, 30 (4): 66 – 68.

美国政府通过扩大研发税收政策和加强监管，致力于建立稳定、高效的资本市场，以提供健康的投资环境；在教育和培训制度方面，政府通过加强职业教育和培训，培养适合行业需求的科技人员和熟练工人；在交流合作方面，伙伴关系得到政府、公共和私营部门以及产业界和学术界的支持，以加快技术投资和研发，促进技术产业化，促进业务实践的扩展并最终提高国际竞争力。美国政府从国家战略制定到实施战略支持政策体系的举措，既稳固了增材制造创新研究所的地位，加强其建设，又实现了增材制造技术体系化发展。在美国政府大力扶持下，国家增材制造创新研究所开发了增材制造技术发展路线，旨在应对各种技术挑战、促进知识共享和技术进步。该技术发展路线主要包括五个技术重点领域："设计"领域，旨在设计思想、方法和技术的演变和创新；"材料"领域，旨在开发和完善增材制造材料的知识系统；"工艺"领域，旨在提高增材制造机器的性能和打印对象质量；"价值链"领域，旨在改善产品端与端之间价值链成本和上市时间；"增材制造 Genome"领域，旨在改善可打印新材料所需要的时间和成本。[1]

因此，美国实施 3D 打印产业公共政策主要呈现以下特点：第一，政策制定表现为短期计划特征，3D 打印产业技术路线规划到 2020 年，这与美国 3D 打印技术发展积累有很大关系，毕竟作为技术领先国家，随着商业化进程日趋成熟，美国已进入工业化阶段；第二，美国针对 3D 打印产业制定的政策涵盖领域

[1] America Makes. America Makes Technology Roadmap [EB/OL]. (2015 - 06 - 25) [2019 - 05 - 26]. https://www.americamakes.us/technology/techroadmap.

广泛，从制定技术路线方案来看，包括设计、材料、工艺和价值链以及前瞻性研究，这与美国 3D 打印技术发展较快有关，在已经突破核心关键技术情况下才能够展开更全面的研究，定位 3D 打印技术前沿问题；第三，美国研究 3D 打印技术的主体单一，以国家增材制造创新研究所为主体展开，研究对象是政府部门、企业和高校，这种研究模式更有利于资源合理配置，同时具有稳定性和连续性，能够集中力量推动 3D 打印产业发展。3D 打印产业飞速发展的同时，版权侵权现象也会越来越普遍，如何预防大规模侵权同样关系到 3D 打印产业发展。

从全球增材制造应用层面看，3D 打印尚未能够取代传统制造；在实践层面，3D 打印确实给传统行业带来颠覆性影响。正是看到 3D 打印技术的无限潜力，各国政府纷纷制定 3D 打印技术发展路线，规划 3D 打印未来。2013 年，德国工业 4.0 项目将 3D 打印视为实现“知识生产”和“知识工厂”的重要路径，❶并作出“3D 打印未来研究思考”报告；2014 年日本经济贸易产业部计划投资 45 亿日元发展世界范围内最先进的金属粉末成型 3D 打印机；❷ 我国政府在 2015 年发布全国增材制造业发展计划，将 3D 打印提升到“国家战略层面”；同时，23 个政府部门

❶ T. Li. German Law and Policy Analysis of 3D Printing in the Background of Industrial 4.0: Discussion of Law and Policy Dealing with 3D Printing in China [J]. Journal of Science Technology & Law, 2015, 10 (2): 322 - 338.

❷ 中国和日本：METI of Japan Added 4.5billion Yen Budget to Develop New Generation 3D printers [EB/OL]. (2013 - 05 - 21) [2018 - 07 - 26]. http://japan.peopel.com.cn/n/2013/0829/c368505 - 22736234.html.

启动8项国家级政策支持3D打印产业。[1] 我国在3D打印技术研发层面，采取高校为主导、科研院所为辅助的发展模式。

3D打印技术从萌芽发展至今，主要呈现出开放设计、全民制造、定制打印等产业特征，绝大多数是个人制造3D打印市场推动，传统工业领域则是保守设计。但随着3D扫描技术日益成熟，业余爱好者与生产者之间对于某些3D打印产品的专业界限慢慢模糊。消费者角色转变为生产者，考虑到产品质量和使用安全问题，未来3D打印产业势必会制定“认证和标准化程序”，对打印材料选择提供指导性意见；针对3D打印复杂产品，科学指导必不可少，类似3D打印用户友好型软件，为业余人员给予专业化帮助。在多重措施推动下，消费者3D打印市场规模不断扩大，家庭或个人3D打印极有可能成为将来产品制造的主流模式。

（二）3D打印个人制造发展及趋势

3D打印技术使用户在家制造商品成为可能，越来越多的个体成为“生产型消费者”[2]。一方面可以通过扫描精确复制物理对象，另一方面可以通过数据转换生成物理对象，重混物理产品实现任意程度的个性化成为可能。[3] 有学者对来自各种3D打印论坛的200名3D打印用户进行问卷调查，结果显示，82%的

---

[1] Huang H, Wang G. Comparison study on the industrial policies of additive manufacturing in US and China [J]. International Conference on Industrial Economics System and Industrial Security Engineering (IEIS), 2016, 12 (10): 1－4.

[2] Rayna T. Open innovation 2.0: Is co－creation the ultimatechallenge? [J]. International Journal of Technology Management, 2015, 69 (1): 38－53.

[3] Rindfleisch A, et al. The Digital Revolution, 3D Printing, and Innovation as Data [J]. Journal of Product Innovation Management, 2017, 34 (5): 687－690.

家用3D打印机用户对购买并使用3D打印机感到满意，但也有60%的用户表示3D打印机操作有困难。[1] 最初3D打印个人制造尚不足以对传统制造构成威胁，毕竟3D打印产品质量、打印种类、可选择颜色都不及传统制造。但随着消费者3D打印技术稳步提升，个人制造优势逐步凸显，越来越多消费者选择在家制造物品。根据打印的目的，个人3D打印制造者可以分为四类：一是修补者，使用3D打印技术修补现有产品；二是创意者，利用3D打印修改现有产品属性；三是设计者，在不改变产品性能的情况下制造新产品；四是发明者，创造新产品，设计新功能和新体验。个人制造除自身转变为“生产型消费者”外，通过与企业共同设计、共同制造项目而成为共同创造者，此举不仅带来新产品和新服务，更有助于低收入消费者融入经济市场。[2] 与企业合作固然好，但企业要求高、标准严，消费者之间合作相对简单易行。3D打印技术发展初期早已采纳这种共享心态，通过在线平台分享设计、视频网站发布制作视频以及在线论坛上分享制作经验等。[3]

上述类型制造者因基数庞大，会给企业产品制造带来业务挑战，也会给版权法和相关政策带来挑战。尤其当3D打印机使用成本降低，人们既可以购买也可以通过3D打印服务平台访问

---

[1] Steenhuis H J. Consumer additive manufacturing or 3D printing adoption: an exploratory study [J]. Journal of Manufacturing Technology Management, 2016, 27 (7): 990 - 1000.

[2] Maric J, Rodhain F. Frugal innovations and 3D printing: insights from the field [J]. Journal of Innovation Economics & Management, 2016, 21 (3): 59 - 61.

[3] Kietzmann J, Pitt L. Disruptions, decisions, and destinations: Enter the age of 3D printing and additive manufacturing [J]. Business Horizons, 2015, 58 (9): 211 - 214.

3D 打印机。例如，创客空间和 FabLabs 等类似机构通过提供更广泛的 3D 打印机访问渠道，将能否购买 3D 打印机给创作带来的影响尽可能降到最小。实践证明，3D 打印能够以相对较低成本实现产品制造，以及在不涉及大规模制造相关的高成本工具下进行小规模生产，因此它将对制造业产生变革性影响。[1] 使用 3D 打印制造商品，能够允许个人制造者“学习技能并建立一套正确的成长和生存习惯”，减少失败恐惧，尽可能挖掘创造潜力来鼓励个人制造行为。从初期了解产品关键特性及制造方法，到后期测试市场并决定是否扩大其业务，3D 打印技术都给个人制造带来极大鼓励，包括精神层面和经济层面。

美国作为 3D 打印技术领先国家，无论是工业级还是桌面级 3D 打印机都处于领先地位。全球范围内占据市场份额最多的 3D Systems 和 Stratasys 公司都在美国。通过平台订购打印商品，美国所占市场份额最多。欧洲很多国家 3D 打印个人制造市场已经在逐渐发展壮大。法国虽不是 3D 打印技术发展领先国家，但后来居上。2013—2014 年，法国 3D 打印初创企业数量激增，旨在将熔融沉积建模（FDM）技术入门级和中级 3D 打印机商业化，取得成功的企业主要有 E - MotionTech、Tobeca 和 DooD 等。一项研究表明，与 3D 打印相关的工作在 2017 年增长 100%，在 2015 年和 2016 年连续两年增长率接近 12%。在 Wohlers 的报告中，法国仅占全球 3D 打印机数量的 3%（美国为 40%），与该

[1] Mortara L. How do fab - spaces enable entrepreneurship? Case studies of “makers” - entrepreneurs [J]. International Journal of Manufacturing Technology and Management, 2015, 32 (1): 18 - 20.

国经济规模相比相对较小；在3D Hubs Q32018报告中显示，通过平台订购的3D打印产品只有2.5%来自法国。在3D打印消费者市场，法国所有的电子/电器零售平台（如Boulanger、Darty、FNAC以及亚马逊等）都在销售3D打印设备和材料，更有相关DIY连锁店开放实验室和消费者可以接受培训的“技术商店”。法国目前有110个FabLabs，还有更多创客空间配有3D打印机。[1] 英国属于3D打印技术发展较早的国家，消费者市场个人制造也相对比较成熟，研究个人3D打印的文献也较多。3D打印个人制造的发展依赖三个条件：个人3D打印机价格下调、3D打印机“即插即用”的便利和打印材料种类日益增加。2016年，家用3D打印机价格已低于1000美元，最便宜可低至350美元，英国高街（High Street）消费者电子零售商Maplin 2013年7月开始销售3D打印机。世界范围内零售平台亚马逊在2013年6月开放3D打印区域，销售3D打印机、打印材料和打印物品。[2] 至于3D打印机的使用，如同计算机普及过程，绝大多数人熟练使用只是时间问题。

近年来，中国已经成为全球范围内主要的制造业国家，其在20世纪90年代已经投资了3D打印技术，与传统大规模生产共同构成中国制造。在3D打印网络服务平台方面，主要有Simpneed和Mohou，它们在服务形式上更接近Shapeways的文档

---

[1] Rayna T. Open innovation 2.0：Is co – creation the ultimate challenge? [J]. International Journal of Technology Management，2015，69（1）：38 –52.

[2] Thierry Rayna，Ludmila Striukova. From rapid prototyping to home fabrication：How 3D printing is changing business model innovation [J]. Technological Forecasting and Social Change，2016，120（12）：198 –215.

上传和按需打印服务。在数量日益增多的3D打印设计服务公司中，成立于2014年的上海Xuberance公司，以数字模型的形式开发了“数字版权交易在线和离线平台”，展示中国3D打印商业模式，并以高达32亿元人民币的价格，成交一款灯具数字模型，成为世界上第一个以如此高价格交易的3D打印产品。[1]我国正处于从劳动密集型产业向技术密集型产业转型时期，现阶段旨在通过开发尖端先进技术建立稳固的制造能力。我国作为制造业大国，长期承揽外包业务，往往是产品设计在经济发达国家完成，而产品在我国制造。3D打印能够促进本土设计包含定制产品的需要，同时还可以为批量生产产品创造原型。当3D打印技术成熟到一定阶段，我国承接外包制造业务的现象有可能会逐渐消失。因此，我们应该努力克服技术障碍和挑战，大力扶持3D打印产业。

（三）3D打印技术对版权制度影响研究现状

3D打印给版权带来的挑战目前尚未明朗。绝大多数3D打印版权纠纷没有进入司法诉讼程序。学者对于3D打印和版权之间的关系态度各异，现行版权法是否能够完全适用仍需进一步研究。该领域研究文献绝大多数认为3D打印将给现有版权制度带来挑战。

当涉及个人使用3D打印机现状，版权法将面对应用性和实施性问题。个人消费者使用3D打印机分散而隐秘的行为特征，

---

[1] Steven Ma. Mass Customisation: Designed in China, Produced Globally [J]. Architectural Design, 2017, 87 (6): 58-60.

导致权利人维权成本过高。同时从历史论角度出发，追究每一个消费者的版权侵权责任既不具有经济意义，还会给企业带来负面影响。如何在现有版权体系下更清晰地界定3D打印与版权之间的不确定性，以便实现各方利益平衡，最大化促进3D打印技术发展，是当前研究的重要问题。

1. 3D打印版权客体研究

国外有学者认为，CAD文档本身能够根据版权法受到保护。❶ 根据《英国版权法》规定，CAD文档属于计算机程序和“计算机预备性设计材料”的文学作品。❷ 但《美国版权法》因为创造性与功能性区分，有学者认为3D打印背景下CAD文档是由功能性元素决定的，因此不具有可版权性。❸ 然而也有学者提出异议，因为这些文档的“功能”目的在于制造受版权保护的对象，类似的软件在美国也是可版权对象，因此CAD文档具有可版权性。❹ 如果CAD文档内容为不受版权保护对象的设计，例如功能性对象或处于公共领域的雕塑，CAD文档本身不具有

---

❶ UK Intellectual Property Office. A Legal and Empirical Study into the Intellectual Property Implications of 3D Printing: report of UK IPO [R]. Dinusha Mendis and Davide Secchi: IPO, 2015.

❷ Bradshaw S., Bowyer A, Haufe P. The Intellectual Property Implication of Low-Cost 3D Printing [J]. Scipted, 2010, 7 (1): 5-26.

❸ Simon M. When Copyright Can Kill: How 3D Printers are Breaking the Barriers Between "Intellectual" Property and the Physical World [J]. Pace I. P., Sports & Entertainment Law Forum, 2013, 3 (1): 59-71.

❹ James Grimmelmann. Indistinguishable from Magic: A Wizard's guide to Copyright and 3D Printing [J]. Washington & Lee Law Review, 2014, 71 (1): 683-698.

可版权性。[1] 不同法律体系对此存在分歧。

针对内容为物理对象的 CAD 设计文档是否受版权法保护，学界也未达成共识。在同一法律体系中存在不同看法。例如在美国，有学者主张 3D 打印设计应该作为“技术、机械、工程或建筑图纸”受《美国版权法》保护。[2] 也有学者根据创造性和功能性区别，将 CAD 文档设计进行严格划分，属于创造性对象设计部分受版权法保护，反之，属于功能性对象设计部分不受版权法保护。[3] 既具有功能性又具有创造性对象设计的问题，需要进行分离性（severability）测试，其中超出实用对象范围具有装饰性元素的对象受版权法保护。在英国，CAD 文档中包含的图形设计很有可能构成艺术作品或“设计文件”，通过将物理对象制作成“设计文件”，除非该物理对象属于艺术作品（如雕塑），否则不构成版权侵权，但在制作设计文件时可能侵犯版权。

3D 打印对象也具有可版权性。《美国版权法》意义上的“雕塑”作品包含狭义和广义的“雕塑”，强调排除“实用对象”的版权保护；分离性测试旨在确定同时包含“艺术性”和“实用性”对象可版权部分。但有学者指出，如果 3D 打印对象

---

[1] Peter S, Menell, Ryan Vacca. 3D Printing and US Copyright Law [EB/OL]. (2016 - 06 - 10) [2018 - 09 - 10]. http://papers.ssrn.com/sol3/papers.cfm?abstract_id=2859737.

[2] Simon M. When Copyright Can Kill: How 3D Printers are Breaking the Barriers Between "Intellectual" Property and the Physical World [J]. Pace I. P., Sports & Entertainment Law Forum, 2013, 3 (1): 59-71.

[3] Weinberg M. It Will be Awesome If They Don't Screw It Up [R]. Public Knowledge White Paper, 2010.

以CAD文档为基础制作，可能没有足够的独创性而不受版权法保护。[1]《英国版权法》也规定，“雕塑”和“艺术工艺作品”属于艺术作品具有可版权性，在判例中明确将“工业原型”排除在“雕塑”定义之外。有学者将3D打印对象形象表述为“受版权保护二维作品的三维表达”，在转化过程中侵犯了《英国版权法》。[2] 3D打印对象还涉及“反向工程”版权问题，使用3D扫描技术创建CAD文档通过3D打印机“打印”对象，极大程度促进了“反向工程”现象。“反向工程”的问题涉及是否归属于版权法意义上的复制行为。针对3D扫描，大多数学者认为所得CAD文档不具有版权保护要求的“充分独创性”。[3]不同于美国根据“创造性”还是“实用性”来判断版权存在与否，英国学者通过原始对象是否具有足够的独创性来判断3D打印对象是否受版权保护。[4]英国判例法表明，使用根据设计文档创建对象的3D扫描件，创建3D打印文档不会侵犯原始文档中的任何版权。[5]

---

[1] Simon M. When Copyright Can Kill: How 3D Printers are Breaking the Barriers Between “Intellectual” Property and the Physical World [J]. Pace I. P., Sports & Entertainment Law Forum, 2013, 3 (1): 74-75.

[2] Bradshaw S., Bowyer A, Haufe P. The Intellectual Property Implication of Low-Cost 3D Printing [J]. SCRIPT-ED, 2010, 7 (1): 20-26.

[3] Weinberg M. What's the Deal with Copyright and 3D Printing? [R]. Public Knowledge White Paper, 2013.

[4] Daly A. Socio-Legal Aspects of the 3D Printing Revolution [M]. London: Palgrave Macmillan, 2016; Mendis D. The Clone Wars: Episode Ⅱ-The Next Generation: The Copyright Implications Related to 3D Printing and Computer-Aided Design (CAD) Files [J]. Law, Innovation and Technology, 2016, 6 (2): 265-281.

[5] Bradshaw S., Bowyer A, Haufe P. The Intellectual Property Implication of Low-Cost 3D Printing [J]. SCRIPT-ED, 2010, 7 (1): 20-26.

我国学界对3D打印CAD文档和3D打印物理对象版权属性有着不同的看法。大多数学者认为CAD文档根据其来源不同，可以受到著作权法的保护。有学者从知识产权类型这一角度出发，认为作为3D打印核心要素的CAD文档属于版权法保护的图形作品；❶ 也有学者根据CAD文档最终目的作出判断，认为CAD文档应界定为图形作品和模型作品；❷ 和明确表明CAD文档作品类型的观点不同，也有一部分学者肯定了CAD文档的可版权性，但是对于其作品类型并没有明确指出，设计图、图形作品和计算机软件都有些模棱两可。❸ 于是，有学者建议根据3D打印CAD文档各自的特征来寻找合适的法定作品类型。关于3D打印物理对象的版权属性，大部分学者认为应该属于实用艺术作品。

虽然3D打印相关对象版权客体类型没有达成一致观点，但绝大多数观点都是根据CAD文档内容得出客体类型判断。鉴于不同法系不同国家版权体系在立法技术上的差异，以及各个国家间政治、文化、经济的差异，具体作品类型需要结合各国法律相关规定进行。

2. 3D打印版权侵权例外研究

版权侵权例外早在3D打印技术出现之前就已经存在，不同国家对侵权例外设置不同标准，例如，英国和澳大利亚等国对

---

❶ 刘强. 3D打印背景下的专利制度变革研究［J］. 中南大学学报（社会科学版），2015（5）：40－51.

❷ 王淑君. 3D打印版权问题研究［J］. 中国出版，2015（2）：40－48.

❸ 凌宗亮. 图形作品的著作权保护及其权利边界［J］. 人民司法·案例，2016（8）：80－84.

“公平交易”设置更加有限的防御系统，而美国对版权侵权“合理使用”抗辩允许设置不同标准。3D打印技术的出现加剧了人们对“合理使用”或“公平交易”抗辩原则的明晰需求。有学者提出针对新技术，应该设置“技术合理使用”标准。[1] 毕比（Beebe）教授针对“合理使用”四要件进行实证研究，目的在于验证合理使用四个判定要素对合理使用决定的影响，得出结论：第四个判定要素“使用版权作品对潜在市场或价值的影响”是整合前三个要素得出的变形因素，是需要被干预的系统性失败。[2]

一直以来，围绕合理使用离不开“商业使用”的目的探讨，这与美国合理使用四要件判定说在世界范围内盛行不无关系。四要件说具体为：（1）使用的目的和特征，包括使用是否是商业目的或者是非盈利的教育目的；（2）版权作品的性质；（3）使用版权作品整体的比例和数量；（4）使用对版权作品的潜在市场或价值的影响。[3] 索尼案为商业使用和非商业使用划出了一条界限，商业使用与否对合理使用判断的重要性逐渐减弱，并且对于“商业性使用”开始进行重新界定。[4] 尽管法院扩大了商业使用的定义，但是他们减少了发现商业使用的影响。虽然美国联邦最高法院在索尼案中确定商业使用假定对抗合理使用，法院

---

[1] Edward Lee. Technological Fair Use [J]. Southern California Law Review, 2010, 83 (3): 797 – 807.

[2] Kyle Dolinsky. CAD's Cradle: Untangling Copyrightability, Derivative Works, and Fair Use in 3D Printing [J]. Wash. & Lee L. Rev., 2014, 71 (4): 25 – 26.

[3] 17 U. S. C. § 107.

[4] Kyle Dolinsky. CAD's Cradle: Untangling Copyrightability, Derivative Works, and Fair Use in 3D Printing [J]. Wash. & Lee L. Rev., 2014, 71 (4): 25 – 26.

明确驳回了坎贝尔诉阿卡夫洛斯音乐公司案（Campbell v. Acuff－Rose Music）中的“索尼假定”。[1] 法院解释说“法条明确规定作品的商业或者非盈利教育目的只是对其目的和性质首要调查要素之一”。如果使用的商业性在首要因素中是唯一决定因素，“这一推定将几乎包含《美国版权法》第107条序言部分所列举的所有说明用途，包括新闻报道、评论、批评、教学、学术成就和研究，因为这些活动‘通常在国家内实现盈利’”。自从坎贝尔案后，法院认为商业用途是重要的，但并不是合理使用需要重点考虑的因素。[2]

我国著作权法合理使用规则继承《伯尔尼公约》“三步检验法”，采“穷尽列举＋两个一般性判定要件”的立法模式。其中穷尽列举的12种行为属于第一步“特定且特殊的情形”，另外两个一般性判定要件分别为“不得影响该作品的正常使用”和“不得不合理地损害版权人的合法利益”。[3] 但在司法实践层面，法院对“合理使用”存在不同解释，导致缺乏确定性指引。3D打印技术的出现使原本模糊的合理使用判定标准更加模糊，甚至有学者提出将“合理使用”商业目的限定在“家庭圈”（family circle）之外，即家庭成员之间的分享无论是否出于商业目的都构成合理使用。[4] 该观点看似合理，却并没有解决实质性问题，单从家庭成员人物关系进行目的划分进一步增加了

[1] Sony Corp. of Am. v. Universal City Studios，Inc.，464 U.S. 417，454（1984）.

[2] Campbell v. Acuff－Rose Music，510 U.S. 569，594（1994）.

[3] 熊琦．著作权合理使用司法认定标准释疑［J］．法学，2018（1）：84.

[4] Deven Dobbelaere. 3D Printing and the Implication on Intellectual Property from a Belgian－European Perspective［D］. Belgium：Ghent University，2016.

模糊性。鉴于3D打印技术出现之前"合理使用"判定标准已经存在诸多争议，可以结合3D打印产业背景探寻适合新技术的"合理使用"判定标准。

3.3D打印版权间接侵权责任认定

3D打印对版权制度中介责任造成很大影响，从Thingiverse网络服务平台收到DMCA删除通知数量大增不难得出该结论。例如著名的彭罗斯三角[1]、战锤[2]、丁丁火箭（实际发生的版权侵权案例）[3]、米开朗琪罗雕塑[4]、马赛尔·杜尚国际象棋[5]等。在3D打印技术出现之前，DMCA为网络服务商不合理降低注意义务、纵容网络盗版现象已经引起争议。[6] 3D打印技术引起了特有的"复制欺诈"（copyfraud）现象，在Katy Perry左鲨鱼案中，律师发出删除通知没有遵守既定需要先确定版权是否实际存在的原则，在米开朗琪罗案中也没有注意到版权已经到期的

---

[1] Rideout B. Printing the Impossible Triangle: The Copyright Implication of Three - Dimensional Printing [J]. The Journal of Business, Entrepreneurship & the Law, 2011, 5 (1): 160 - 177.

[2] Brean D. Asserting Patent to Combat Infringement via 3D Printing: It's No "Use" [J]. Fordham Intellectual Property, Media and Entertainment Law Journal, 2013, 23 (4): 771 - 814.

[3] Daly A, Socio - Legal Aspects of the 3D Printing Revolution [D]. London: Palgrave Macmillan, 2016; Mendis D. The Clone Wars: Episode Ⅱ - The Next Generation: The Copyright Implications Related to 3D Printing and Computer - Aided Design (CAD) Files [J]. Law, Innovation and Technology, 2016, 6 (2): 265 - 281.

[4] Rimmer M. The Maker Movement: Copyright Law, Remix Culture and 3D Printing [J]. University of Western Australia Law Review, 2017, 41 (2): 51 - 84.

[5] Rimmer M. The Maker Movement: Copyright Law, Remix Culture and 3D Printing [J]. University of Western Australia Law Review, 2017, 41 (2): 51 - 84.

[6] 崔国斌. 网络服务商共同侵权制度之重塑 [J]. 法学研究, 2013 (4): 138.

事实，由此带来删除通知过度使用和寒蝉效应。[1] 不同于在网络版权侵权领域处于统治地位的美国 DMCA 规定，欧盟电子商务指令提倡一种更直接的方案，对于用户非法行为由网络服务商承担责任。如何解决跨国网络平台版权侵权认定以及为行为人提供稳定的确定性指引，成为 3D 打印背景下亟待解决的问题。

美国版权间接侵权制度是以英国普通法传统为基础的[2]，在 20 世纪中叶，《美国版权法》明确建立宽泛的间接版权责任原则：雇主责任（respondeat superior）、替代责任（vicarious liability）、辅助责任（contributory liability）和引诱责任（inducement liability）。[3] 雇主责任前提是双方为雇佣关系，在线服务提供商与 CAD 文档侵权人不具备该前提关系；《美国版权法》中并没有成文的替代责任，一般是通过案例创制逐渐丰富起来的，是根据“雇主责任”和“雇佣规则”理论发展而来，要求雇主对第三人的侵权行为承担责任的一种方式。而辅助侵权和引诱侵权规定已知第三方侵权行为，因此在线服务提供商根据 DMCA 规定只有可能涉及版权间接侵权中的替代责任。有学者将在线侵权问题表征为分层“金字塔”，顶端为核心互联网功能代表（backbone provider），下一层是计算机、打印机和其他硬件制造商，接着是网络服务提供者和应用软件供应商（如搜索引擎和网站），最后一层是终

---

[1] Rimmer M. The Maker Movement：Copyright Law，Remix Culture and 3D Printing［J］. University of Western Australia Law Review，2017，41（2）：51－84.

[2] Lawrence v. Dana，15 F. Cas. 26，61（C. C. Mass. 1869）.

[3] Shapiro，Bernstein & Co. v. H. L. Green Co.，316 F. 2d 304（2d Cir. 1963）. Sony Corp. v. Universal City Studios，Inc.，464 U. S. 417，435（1984）. MGM Studios，Inc. v. Grokster，Ltd. 545 U. S. 913，2005.

端用户。[1] 该“金字塔”不仅形象地描绘了权利控制能力由强到弱，也反映了群体数量由少到多。终端用户控制能力最弱，但得益于庞大的基数侵权范围最广。金字塔顶层互联网核心是传播和沟通的关键，不可能斩断来避免侵权，利弊显而易见。而CAD文档共享网站、3D打印商店以及硬件制造商等，根据索尼案确定的商业条款规则[2]以及DMCA规定的“避风港原则”[3] 可以轻易规避侵权责任。最后一层为终端用户——文档共享者，从音乐领域与非法文档共享经验教训可知，大量分散式版权侵权责任追究是一个极大的挑战。

诸多大型网络平台在借助法律力量预防版权侵权的同时，平台自身也采取一定的版权侵权预防措施。主要是从平台经营模式方面出发。例如，处于领先地位的3D打印网络服务平台Shapeways，致力于解决错误删除通知的问题，其中包括鼓励用户提出反通知[4]，发布“年度透明报告”，提供关于公司如何处理知识产权纠纷以及第三方访问用户的信息[5]。我国对DMCA规定的避风港原则属于片面移植，既没有在此基础之上确定统一

---

[1] Peter S. Menell, Ryan Vacca. 3D Printing and US Copyright Law [EB/OL]. (2016-10-27) [2018-10-24]. http://ssrn.com/abstract=2859737.

[2] Sony Corporation of America v. Universal City Studios, Inc., 464 U.S. 417 (1984).

[3] 17 U.S.C. §512.

[4] Weinberg M. How Do IP Takedowns Work at Shapeways? [EB/OL]. (2015-09-10) [2018-12-22]. http://www.shapeways.com/blog/archives/22199-how-do-ip-takedowns-work-at-shapeways.html.

[5] Weinberg M. Announcing the 2016 Shapeways Transparent Report [EB/OL]. (2017-03-14) [2018-12-22]. http://www.shapeways.com/blog/archives/29506-announcing-2016-shapeways-transparency-report.html.

的网络服务商侵权责任主观过错认定标准，又在司法实践中出现无法可依、自由裁量权过大之嫌。[1] 为了避免我国再次出现移植 DMCA 规定过于片面的现象，3D 打印背景下网络服务商中介责任判定标准应结合我国具体国情和网络产业发展情况，从过错认定、责任承担、损害赔偿等方面提出建设性观点。

通过从 3D 打印产业相关对象可版权性、版权侵权例外以及 3D 打印网络服务商三个方面对现有文献进行梳理可知，虽然尚未得到一致观点，但对于 3D 打印将会给版权制度带来挑战持肯定态度。3D 打印作为目前的领先技术，运作环境上需要版权法作为制度工具为其提供实现经济收益的环境；运作基础上需要版权侵权体系作为支撑。

二、文献研究述评

（一）现有研究未能紧密结合我国 3D 打印产业现状

根据上述文献分析可知，国内外关于 3D 打印产业分析主要集中在政策层面和具体知识产权挑战方面，几乎没有文献专门对各 3D 打印网络平台、3D 打印工作室以及 3D 打印机制造商等主体在经营 3D 打印产业时所采取的不同商业模式进行对比。在不能准确把握 3D 打印产业特征的情况下，仅分散性地针对某些具体问题进行分析，提出 3D 打印将对知识产权制度带来挑战，

[1] 崔国斌. 网络服务商共同侵权制度之重塑 [J]. 法学研究，2013（4）：138－154.

缺乏具体战略应对策略。与美国3D打印政策相比，我国3D打印政策制定主要存在以下不足。第一，全局战略部署不完整，缺乏宏观布局。主要表现为3D打印技术研究机构相对独立、封闭，研发部门分散，无法形成合力。在重复研究相同技术过程中浪费大量研发资金和时间，并且大多数研究机构热衷于整机生产的综合研究模式，从长远来看很难形成健康有序的产业链。美国统一由国家增材制造创新研究所进行技术发展战略布局，能够有效分配资源并提高研发效率。第二，受制于3D打印技术的发展程度，在具体产业政策制定时针对少数技术领先产业，没有延伸扩展至其他产业领域，产业缺乏协调发展，从而导致技术和市场同质化，再加上我国专利素来“重量轻质”，3D打印高质量核心专利严重短缺，所以尽管我国和美国3D打印专利统计数据非常接近，我国甚至呈现上升趋势，但从技术政策和研发主题来看，未来商业流程中存在专利风险。在具体知识产权挑战方面，我国对于3D打印研究主要集中在整个应用领域层面，很少将工业3D打印和个人3D打印区分研究，这两个交叉但没有融合的不同领域面对的知识产权问题迥异，有必要进行区别研究。

承前所述，我国3D打印产业主要依托高校和科研机构，采取产学研合作模式，因此现有文献以高校合作企业为主要研究对象，忽略了以个人为单位的3D打印工作室、业余打印爱好者以及家庭3D打印产业特征。同时，我国数字网络环境与其他国家不同，制造业环境也有所差异，现有文献研究并未将上述差异融合到3D打印产业分析中去。有鉴于此，本书将全面分析个人 3D 打印市场特征，结合 3D 打印产业发展路径，在传播效率已经成熟并完善的数字网络环境下，制定适合我国国情的个人 3D 打印发展战略，重点围绕 3D 打印设计开放共享、全民定制化打印展开。

（二）我国 3D 打印技术和版权关系缺乏系统性研究

梳理国内外 3D 打印和版权关系研究发现，我国绝大多数文献集中在 3D 打印和版权侵权单个具体问题方面，几乎没有文献将著作权法、侵权法与 3D 打印企业管理结合进行系统分析。即使在明晰 3D 打印与版权法之间的关系时，也是针对具体问题进行局部分析，没有系统梳理。对比之下，美国 3D 打印和版权法研究，从版权客体、侵权内容、权利维护、侵权构成、合理使用以及 3D 打印产业战略系统进行研究，既诠释技术发展需要的战略环境，又系统梳理新型技术对版权法和侵权法体系的适用情形。[1]

本书意在零散分析问题的基础上，作出系统化整理。以 3D 打印技术为基础对象，结合版权法和侵权法，以行为主体、版权客体、权利内容、侵权构成和侵权抗辩到责任承担为路径，以 3D 打印产业战略为穿插，从整体上系统研究个人制造视域下 3D 打印版权的侵权问题。

---

[1] Peter S. Menell, Ryan Vacca. 3D Printing and US Copyright Law [EB/OL]. (2016-10-27) [2018-10-24]. http://ssrn.com/abstract=2859737.

（三）现有研究缺乏实证性分析，过于理论化

3D打印作为新兴技术，在不同国家发展程度不同，应用领域各有侧重，因此3D打印网络平台经营模式也不尽相同。现有文献研究鲜少对网络平台间不同商业模式进行实证分析，仅从理论上对版权领域的问题进行解读，无法达到理论与实践密切结合的效果，也就不能更好地为纠纷解决提供建设性意见。

我国目前尚未形成影响力巨大的3D打印网络分享平台，导致在CAD文档交易过程中处于被动状态。设计存储库Thingiverse迅速崛起成长为全球规模最大的设计分享平台，与其他分享平台一起，完成了在线社区之间信息交换的实践，并在全球范围内奠定开源共享文化基调。众所周知，共享实践依赖于背景，而共享是一种受多种变量影响的社会实践，当Thingiverse平台率先确定文档共享商业模式，共享实践结果必定受其主导，我国作为制造技术大国，在3D打印制造方面具有背景优势，为避免处于被动落后状态，应积极研究并发展基于我国国情建立的大型CAD文档作品分享平台。

本书拟通过比较不同3D打印平台运营模式，不同类型CAD文档交易情况，分析免费和付费文档区别，寻找CAD文档价值判断因素，明晰CAD文档与相应商品之间的关联。采用样本分析、通过数据统计，研究适合我国个人3D打印发展的商业模式，进而针对不同商业模式下版权作品交易特征归纳分析其中存在的版权侵权问题，有的放矢地制定对应解决政策，促进我国3D打印产业有序健康发展。

第四节 研究重点、难点和创新点

一、研究重点

（1）个人3D打印版权侵权行为的域外规制。3D打印作为颠覆性技术，在英美等国家发展较为成熟，相应的版权侵权纠纷数量较多，能够较为全面地突出消费者层面3D打印中存在的问题。引入消费者3D打印概念，分析工业3D打印和个人3D打印与版权的侵权关系，重点研究个人3D打印市场大规模版权侵权现象。运用比较研究法，将域外3D打印版权侵权的纠纷解决办法进行比较研究，以期对我国作出有益借鉴。

（2）个人3D打印版权侵权的构成。3D打印作为直接连接“字节”与“原子”的技术，颠覆传统制造的同时，给版权法体系也带来了冲击。个人制造视域下的3D打印，权利主体类型多样、法律关系复杂；版权客体资格和具体作品类型尚无定论。给版权侵权的责任认定带来困难。与此同时，个人3D打印现象随着技术进步而日益普及，大规模的版权侵权行为出现。我国3D打印技术尚未发展成熟，需要个体消费者3D打印作为推动力。研究分析个人3D打印版权侵权构成，为个人规范进行3D打印提供行为指引，形成良好的打印秩序，进而推动3D打印产业有序健康发展。

（3）政府对个人3D打印版权侵权的政策应对。从数字音乐、数字电影等领域可知，单靠版权法阻止侵权作用有限。3D打印作为颠覆传统制造的新兴技术，需要政策支持。目前，网络服务提供商的注意义务没有实体法依据，版权人的利益无法获得保障，需要依靠行政干预平衡各方主体的利益，这样既能促进个人3D打印，又能减少版权侵权纠纷。

二、研究难点

（1）具有借鉴意义的司法案例过少，大部分研究停留在理论阶段。3D打印技术最初应用于工业的“原型制造”。近年来，随着3D打印机价格下调、CAD文档可及性增加，个人3D打印现象逐渐增多。但真正进入司法诉讼程序的案例相当少，绝大多数纠纷通过私力救济解决。此外，互联网无国界，但域内外司法审判制度差异明显，域外案例借鉴意义有限。因此，本书的案例分析在实践层面得出的结论有限。

（2）个人3D打印版权侵权与行政管理结合。一般情况下，行政力量干预版权侵权的现象相对较少。3D打印作为新兴技术，版权法既不能对其限制太多阻碍其发展，又不能完全放任使其造成版权人利益受侵害。结合行政力量平衡参与主体利益、促进新兴技术发展成为该研究的难点。

三、研究创新点

（1）分析角度的创新。本书主要以法学、管理学、材料学和社会学为基础，体系化地分析个人 3D 打印的版权侵权问题。最后以行政应对作为弥补版权法规制效果有限的解决方案。现有研究大多数立足于单一学科的 3D 打印技术分析，没有考虑平衡各方参与主体的利益以及结合其他力量解决版权侵权的问题。3D 打印作为新兴技术，需要进行多角度的分析。

（2）解决方案的创新。在版权法体系层面，建议对 3D 打印领域实用性较强的作品，采取独创性三分法判断标准确定版权客体资格；在作品认定方面采取类型化标准，避免在创作目的、创建工具等具有不确定因素，同时对作品独创性没有影响的方面作出穷尽列举。在行政应对层面，建议以版权局为主体，建立 CAD 文档作品中央存储库。解决作品登记、作品资格认定、侵权作品过滤等问题，最大限度地发挥版权侵权预防作用。

第二章 3D 打印的可版权性

本章通过梳理 3D 打印行为中的每一个环节，概述 3D 打印现象。从制作、上传、托管、下载到打印 CAD 文档的过程中，分析各参与主体的行为特征，将其与传统减材制造中的行为主体进行对比，为后文分析直接侵权和间接侵权行为作铺垫。同时厘清 CAD 文档创建过程，进而分析 CAD 文档和 3D 打印对象的版权客体资格。在明确权利主体和版权客体的基础上，才能够对 3D 打印技术给版权法带来的冲击得出正确结论。

第一节 3D 打印可版权性难题

一、3D 打印可版权的客体

（一）概念界定

1. 3D 打印

3D 打印又称增材制造或快速成型，是一系列通用增材制造工艺的总称，借助数字模型（又称 CAD 模型），构建物理三维对象。[1] 正如计算机允许人人成为电影制作者、电子书作者和音乐创作者一样，3D 打印技术也允许人们成为物理对象制造者。[2] 现有喷墨式打印技术在自动程度上与 3D 打印技术类似，区别在于最终的生成对象，喷墨式打印技术只能描绘二维图形。通过对比计算机、喷墨式打印技术的发展历程，可以预测 3D 打印机能够在消费者群体中普及。

3D 打印技术发展至今，各种应用领域使用的 3D 打印机类型不同。3D 打印技术面向的市场逐渐区分为工业（或生产）市场和个人（或消费者）市场。[3] 两种类型的市场之间在资源分配、经济成本、技术水平以及未来发展方向等方面存在差异。从比较法角度看，在技术成熟度方面，个人层级 3D 打印在打印物形状、尺寸和材料种类方面落后于工业层级 3D 打印；在打印成本方面，工业层级 3D 打印机、打印原材料价格显著高于个人层级 3D 打印；在分享理念方面，个人层级 3D 打印大多采取开放式共享，而工业层级 3D 打印则采取封闭模式[4]。在参与主体

---

[1] Depoorter B. Who's afraid of 3D Printing [J]. B. U. J. Sci & Tech L., 2019, 60 (25): 50 - 65.

[2] Michael Weinberg. What's the deal with copyright and 3D printing? [M]. White paper from Public Knowledge's Institute for Emerging Innovation, 2013. 熊琦. 3D 打印行为的著作权规制——旧瓶能否装新酒? [J]. 电子知识产权, 2014 (5): 46 - 50.

[3] World Intellectual Property Report: Breakthrough Innovation and Economic Growth [R/OL]. (2015 - 12 - 01) [2019 - 10 - 30]. http://www.wipo.int/edocs/pubdocs/en/wipo_pub_944_2015.

[4] World Intellectual Property Report: Breakthrough Innovation and Economic Growth [R/OL]. (2015 - 12 - 01) [2019 - 10 - 30]. http://www.wipo.int/edocs/pubdocs/en/wipo_pub_944_2015.

类型方面，个人层级3D打印主体主要包括业余爱好者、修补者和手工技艺者，在制造专业性上不可与职业人员相提并论。消费者3D打印社区以“开放共享”为创建理念，而工业3D打印依赖专有知识和技术来获取进一步的创新。个人层级3D打印的特点决定其给版权法带来挑战。

2. 可版权性

可版权性，从文义解释上可视为“可以受版权保护的属性”的简称，是根据英文Copyrightable翻译而来，在我国著作权法语境下使用频率较高。运用文献研究方法，梳理分析以“可版权性”为主题搜索的相关文献可知，“可版权性”并不属于专有名词，而是对版权客体资格的概括性描述。[1] 可版权性的内容具体包括独创性和版权保护的思想表达两个方面：独创性是版权客体资格实质性要件，英美法系和大陆法系对于独创性的判断标准各异；版权保护的思想表达，主要指排除功能性对象的版权保护[2]。

可版权性是确定版权客体资格的前提条件，3D打印中数字文档和打印物具有可版权性，属于版权客体，讨论个人制造层面3D打印版权侵权问题才具有现实意义。现行《著作权法》第3条明确规定，著作权客体需要满足独创性和可复制性。3D打印中关于CAD文档和打印对象的可版权性讨论，主要集中在

---

[1] 李晓宇．人工智能生成物的可版权性与权力分配刍议［J］．电子知识产权，2018（6）：31－43；刘佳欣．网络游戏设计的可版权性［J］．山东大学学报（社会科学版），2019（5）：31－44；林倩珊．人工智能创作物可版权化及权属问题研究［J］．齐齐哈尔大学学报（哲学社会科学版），2019（7）：89－97．

[2] 梁志文．论版权法上的功能性原则［J］．法学，2019（7）：150－162．

独创性有无的判断上，具体表现为：CAD 文档和打印物都具有可复制性，一个是数字文档，另一个是物理对象。至于是否是智力成果，与独创性的判断有异曲同工之效。因为独创性中“创造性”的判断包含智力成果。❶ 由此，本书在讨论 CAD 文档和打印物的可版权性时，着重研究独创性要件。

3. CAD 文档

CAD 文档，即计算机辅助设计文档，是人们使用计算机辅助设计软件或者扫描设备创建的物理实体的 3D 数字模型；这些数字模型通常以一种可识别的扩展名如“STL”存储于数据文件中，用来给 3D 打印机发送打印指令。❷ 从计算机语言类型来看，CAD 文档类似于 3D 打印机可识别的目标代码。❸ 在我国学界，对 CAD 文档的称谓有 3D 数字模型❹、3D 打印设计文档❺和 3D 设计的模型❻；在英文文献中，根据 computer - aided design file

---

❶ 赵锐. 作品独创性标准的反思与认知 [J]. 知识产权，2011 (9)：55 - 58.

❷ CAD Software - History of CAD CAM，CADAZZ [EB/OL]. (2014 - 05 - 26) [2019 - 03 - 20]. http：//www. cadazz. com/cad - software - history. htm. 毕文轩. 3D 打印视阈下著作权法适用问题研究——从法解释学的视角入手 [J]. 东南大学学报 (哲学社会科学版)，2017 (19)：118 - 121.

❸ 李响. 美国版权法：原则、案例及材料 [M]. 北京：中国政法大学出版社，2004：198.

❹ 宁立志. 论 3D 打印数字模型的著作权 [J]. 武汉大学学报 (哲学社会科学版)，2016 (1)：105.

❺ 罗娇. “3D 打印”的著作权法律问题研究 [J]. 知识产权，2014 (8)：41.

❻ 马忠法，陈潜. 3D 打印中的“复制”与“合理使用”[J]. 上海财经大学学报，2015 (3)：97.

（计算机辅助设计文档）称谓，简称为CAD文档❶。本书针对3D打印文档统一使用CAD文档术语。CAD文档的生成方式包括利用计算机软件制作和通过3D扫描仪扫描获取。❷ 计算机辅助设计软件有立体建模（solid modeling）和表层建模（surface modeling）两种方式。❸ 建模过程相当于CAD文档整个“创造”过程，其中是机械化操作抑或创建人的个人选择，影响“创造性”的判断。此外，除了计算机创建模型，对于3D打印个人制造而言，使用扫描仪获取CAD文档更为简单。3D扫描仪分为自动扫描和非自动扫描。❹ CAD文档的生成方式与可版权性判断息息相关。

CAD文档是3D打印的前提条件，也是连接3D打印技术与版权法的对象。CAD文档数字化本质使其极易被修改，3D打印主体根据定制化需要修改CAD文档，借助3D打印机自动完成打印过程，获得理想产品。

---

❶ Tesh W. Dagne, Chelsea Dubeau. 3D printing and the law: are CAD files Copyright – protect? [J]. Intellectual Property Journal, 2014, 7 (28): 90 – 102. Kyle Dolinsky. CAD's Cradle: Untangling Copyrightability, Derivative Works, and Fair Use in 3D Printing [J]. WASH. & LEE L. REV., 2014, 71 (4): 587 – 596.

❷ Weinberg, It will be awesome if they don't screw it up: 3D printing, Intellectual Property, and the Fight over the Next Great Disruptive Technology [EB/OL]. (2010 – 11 – 25) [2018 – 12 – 22]. http://publicknowledge.org/it – will – be – awesome – if – they – dont – screw – it – up.

❸ Tesh W. Dagne, Chelsea Dubeau. 3D printing and the law: are CAD files Copyright – protect? [J]. Intellectual Property Journal, 2014, 7 (28): 90 – 102. Kyle Dolinsky. CAD's Cradle: Untangling Copyrightability, Derivative Works, and Fair Use in 3D Printing [J]. WASH. & LEE L. REV., 2014, 71 (4): 587 – 596.

❹ Haritha Dasari. assessing copyright protection and infringement issues involved with 3D printing and scanning [J]. AIPLA Q. J., 2013, 41 (23): 299 – 301.

4. 3D 打印物

3D 打印物，是指打印主体将 CAD 文档发送给打印机打印获得的客体。[1] 3D 打印物的特点表现为忠实还原 CAD 文档内容。绝大多数学者认为从 CAD 文档打印获得 3D 打印物是一种复制行为。[2] 虽然 CAD 文档与 3D 打印物存在对应关系，但是两者之间并不具有一致性，对于版权客体资格和类型的判断依然需要单独分析。

CAD 文档和 3D 打印物之间的关系，是否有可能构成演绎行为，与 3D 打印技术的发展程度也有关系。申言之，个人打印时对于打印材料、打印颜色等元素的选择，因人而异，即相同 CAD 文档有可能打印出有区别的打印物。当材料或者颜色对打印物的影响较大，此时通过 3D 打印机将 CAD 文档转换成打印物的行为有可能构成演绎行为。

（二）3D 打印的主要步骤

3D 打印通常包含建模（创建数字模型）、数字模型处理（将数字模型转换成 3D 打印机可识别代码）和 3D 打印（打印

---

[1] Nathan Reitinger. CAD's parallel to technical drawings：Copyright in the fabricated world ［J］. Law/Society：Private Law – Intellectual Property eJournal，2015，97（1）：118 – 151.

[2] 韦之. 试论 3D 打印核心著作权问题［J］. 华中科技大学学报（社会科学版），2014（5）：71 – 75；李永明，郑金晶. 3D 打印中 CAD 文件的定性与复制问题研究［J］. 浙江大学学报（人文社会科学版），2016（2）：154 – 156；单晓光. 论 3D 打印中的“异性复制”［J］. 科技与法律，2017（1）：18 – 19.

材料层层堆叠成物理对象）三个主要步骤。❶

第一，建模（3D打印程序的基础步骤），是指创建CAD文档。它是物理对象的数字化表达，包含基础对象物理制造指令。创建CAD文档主要有三种方式：使用CAD软件、使用数字化3D复制技术（如3D扫描或摄影测量）和这两种方式的结合。❷使用CAD建模软件，既可以从头开始创建数字模型，还可以改编和修改现有设计。可供选择的是消费者友好型建模小程序和软件允许用户在不依赖复杂CAD软件情况下创建基础3D模型。❸这些小程序有时为用户提供已经创建完成的数字模型，只需要使用用户友好型界面进行自定义。使用数字化3D复制技术创建CAD模型的原理是捕捉现有对象的几何外形。当前主要有摄影测量和3D扫描两种技术。摄影测量通过结合从不同角度拍摄的多张照片形成3D模型，对拍摄相机和照明系统具有较高技术要求。❹ 3D扫描则包括物理探测接触式扫描和光线反馈非接触式扫描两种。其中，是否需要人力参与以及参与程度成为判

---

❶ Bram Van Wiele. Intellectual Property and Consumer 3D Printing [D]. Cape Town: Faculty of Law University of Cape Town, 2019.

❷ 李永明，郑金晶. 3D打印中CAD文件的定性与复制问题研究 [J]. 浙江大学学报（人文社会科学版），2016（2）：145－150. Thomas Fuhrmann. 3D Printing: A New Challenge for Intellectual Property? [M]. South Africa: University of Cape Town, 2018.

❸ GrabCAD Workbench. GRABCAD [EB/OL].（2014－10－13）[2019－10－30]. http://grabcad.com/workbench.

❹ J Reese. The Prons and Cons of Photogrammetry vs 3D scanning for 3D printed Figurines [EB/OL].（2016－11－08）[2019－09－28]. http://mcortechnologies.com/the-prons-and-cons-of-photography-vs-3d-scanning-for-3d-printed-figurines-blog.

断“独创性”的关键。虽然通过数字化3D复制技术可以相对简单地获得CAD文档，但绝大多数数字模型需要进行后期处理。

CAD模型是由线框模型和固体表面模型结合构成。线框模型将物理对象的几何形状描述为点的集合连接成线。这种计算相对简单快速，因此线框模型特别用于创建复杂的3D模型。在梅什沃克斯公司（Meshwerks）诉丰田汽车案中，[1] 丰田汽车数字模型的创建就是采用此种方法。固态模型代表对象的体积而不是线条和表面，同时传递体积大小、外观和重量信息。用户可以自己从头开始创建固态模型，或者通过在模型的三维视图上增加外观和线框，从而转换为固态模型。3D打印过程依赖物理对象的体积和边界信息，要求CAD模型表达固态对象并以3D打印机可识别的格式输出。

第二，数字模型处理。在CAD模型创建之后和3D打印机打印之前，必须检查模型是否有错误，并将其体现在3D打印兼容性设计文档中。“切片”（slice）过程创建打印文档，包含用于制造特定设计的用户和打印机指令。根据用户的喜好，例如，每一层材料的厚度、密度、打印速度和可用材料的添加，软件将3D模型切割成二维横截面。最后创建3D打印机可识别代码。数字模型处理过程更多体现了打印用户投入智力劳动的过程，并不是简单依靠机器完成全部工作。若用户投入的智力劳动是作品产生的原因，那么该智力劳动就属于著作权法意义上的“智力劳动”。

---

[1] Meshwerks Inc. v. TOYOTA Motor sales U. S. A. , Inc. 528 F. 3d 1258 (10 th Cir. 2008).

第三，3D打印。打印过程起始于代码解释器读取打印文档，并将相应的电子信号发送到3D打印机打印部件。打印机以“增材”的方式——从上到下或者从下到上构建物理对象。打印过程完成之后，可能需要后期处理或者组装，以完善3D打印过程中的不足和改善产品打印质量。伴随打印技术和打印材料的不断发展，国际标准化组织已经将现有技术按照不同类型进行标准化划分。❶

（三）CAD文档和3D打印物作为可版权的可能客体

3D打印流程的三步骤中，建模和模型处理过程中的数字模型是指CAD文档，而3D打印最终得到物理打印对象。CAD文档是三维图形，从版权客体客观构成要件上看，其符合的作品类型包括图形作品、美术作品、模型作品、实用艺术作品等；3D打印物对应的作品类型包括美术作品、建筑作品、实用艺术作品等。❷

不同国家的版权法体系明确规定了有资格获得版权保护的作品类型，符合可版权性条件的CAD文档和3D打印物可以落入版权客体范围内。在3D打印背景下，关键在于确定CAD文档和3D打印物的版权客体资格以及版权作品类型。不同于版权法中的文学艺术类作品，CAD文档和3D打印物都明显具有实用

---

❶ 打印技术种类：材料挤压成型、VAT成像聚合、粉末着床融合、板材层压、黏合剂喷射以及定向能量沉积［EB/OL］.（2015-02-05）［2018-12-30］. http：//www.iso.org/standard/69669.html.

❷ 李永明，郑金晶. 3D打印中CAD文件的定性与复制问题研究［J］. 浙江大学学报（人文社会科学版），2016（2）：150-153.

性特征。[1] 因此，CAD 文档和 3D 打印物的版权客体资格和客体类型认定存在困难。

二、CAD 文档可版权性难题

（一）软件制作 CAD 文档

软件制作数字模型分为两种情况：一种是从无到有独立创作 CAD 文档，另一种是以现有 CAD 文档为基础进行演绎获得。[2] 从无到有创建 CAD 文档通常使用两种类型的软件，表面建模软件（surface modeling software）和固体建模软件（solid modeling software）。前者类似卡通动画制作者构建数字化设计，设计被“虚拟的渔网”包裹，映射出数字空间中的物体；后者允许用户预先制作形状，例如球体和立方体，进而切割、拉伸并组合成一个新对象。两种方式都是使用 CAD 软件进行相关创作，其表达形式呈现为蓝图。整个创建过程类似绘制立体草图。第二种以现有 CAD 文档为基础，运用计算机辅助设计软件进行相关演绎重新获得 CAD 文档，这种创作方式要求以“添加智力

---

[1] 3D Printing Service [EB/OL]. (2015 - 02 - 06) [2019 - 07 - 28]. http://www.thingiverse.com/thing:173110; http://www.shapeways.com/model/305828/vase.html? li = related - items - ext&materialld = 63.

[2] Weinberg. It will be awesome if they don't screw it up: 3D printing, Intellectual Property, and the Fight over the Next Great Disruptive Technology [EB/OL]. (2010 - 04 - 22) [2018 - 12 - 22]. http://publicknowledge.org/it - will - be - awesome - if - they - dont - screw - it - up.

选择”创建新的CAD文档。现有CAD文档可以通过开源社区获得。[1]

这两种文档创作方式都需要用户掌握一定的计算机知识，其中还涉及CAD软件运用能力，所以对用户专业知识要求较高。[2] 在3D打印消费者市场，一般用户并不具备设计文档并熟练应用计算机软件的能力，所以软件制作CAD文档中从头开始独立创建文档的生成方式相对少见。在现有的3D打印社区，各平台积极推出用户友好型服务软件，为用户自己创建CAD文档提供条件，因此从未来发展的趋势来看，消费者以现有CAD文档为基础，自己创建CAD文档的可能性极高。

（二）扫描制作CAD文档

3D扫描制作CAD文档是指以现有物理对象为基础，使用3D扫描仪立体扫描对象从而获取相应的CAD文档。[3] 3D扫描仪制造商为没有经验的用户提供类似CAD软件的设计程序，协助非专业设计者创建3D数字模型。目前使用的两种主要的消费者扫描仪是：桌面扫描仪（扫描对象置于转台上供扫描仪扫描，多用于小体积对象）和手持扫描仪（用户手持扫描仪环绕扫描

---

[1] 3D Printing Service [EB/OL]. (2015 - 04 - 26) [2019 - 08 - 30]. http: //www. thingiverse. com/thing.

[2] 方静. 《机械制图》与《CAD》一体化教学探讨 [J]. 科技创新导报, 2018 (27): 226 - 228. CAD Software - History of CAD CAM, CADAZZ [EB/OL]. (2015 - 06 - 22) [2019 - 07 - 30]. http: //www. cadazz. com/cad - software - history. htm.

[3] HP TopShot Scanning Fact Sheet, HEWLETT PACKARD [EB/OL]. (2016 - 06 - 07) [2019 - 07 - 30]. http: //www. hp. com/united - states/campaigns/topshot - scanning. pdf.

对象，多用于大体积对象）。3D 扫描技术主要有两种形式：接触式和非接触式。[1] 接触式 3D 扫描仪就是通过接触来扫描实物；非接触式扫描仪没有接触实物，但是通过发出的辐射或光线来扫描实物。

扫描仪的功能决定操作人员对"独创性"的贡献。如欲通过扫描设备创建具有独创性的版权客体，用户的创造性输入、操作和参与数字化进程都是需要综合考虑的因素。在频谱的一端，无须人工操作而机械化扫描对象，并通过预先编程将所得到的图像登记为 CAD 模型；在频谱的另一端，则需要大量的人力来操作，如设置扫描角度和调整扫描模型。[2] 类似"立体摄影"尖端技术，它需要人们通过查看两个或多个摄影图像来估计物体的三维坐标，基于此，用户可以创建一个扫描项目的数字模型。有许多技术落在该频谱的不同点处，从而需要不同数量的人力协助将 3D 对象转换成数字模型。一旦目标对象已经被放置在适当位置，一些软件程序几乎是自动化的，不需要用户参与实际的扫描过程。其他软件程序则允许设计人员使用数码相机来拍摄一系列照片再将其重建到 3D 模型中。有些扫描仪还要求或允许个人在数字化过程中以手动协助。参与模型的人力投入量越少，达到版权法要求作品的"独创性"可能就越小。

---

[1] Haritha Dasari. assessing copyright protection and infringement issues involving with 3D printing and scanning [J]. AIPLA Q. J., 2013 (41): 299 – 303.

[2] Helix Automated 3D Scanning Solutions, PERCEPTRON [EB/OL]. (2018 – 06 – 02) [2019 – 08 – 28]. http://www.perceptron.com/index.php/en/ – industrial/3d – scanning – solutions – g/automated – 3d – scanning.html.

三、3D打印物的可版权性难题

用户将CAD文档发送至3D打印机，3D打印机根据文档指令独立完成打印过程。其本质为实现二维到三维的转换。从创作主体角度来看，3D打印对象虽然由打印机独立完成，但作品主体只能是民法意义上的行为人，此处为相应的CAD文档创建人。[1] 因此，3D打印对象由打印服务机构发送并打印完成的行为，属于作品使用行为。从CAD文档和相应打印对象之间的关系角度来看，3D打印对象虽然是CAD文档的三维复制件，但两者所归属的作品类型并不必然相同。例如我国现行《著作权法》规定的美术作品包括平面和立体作品，但建筑作品仅包含立体建筑物，图形作品仅包含设计图纸即平面作品。因此，对于CAD文档和相应打印对象应该根据思想表达二分法区别判断作品类型。

从3D打印对象生成过程来看，打印对象几乎完全由打印机完成，稍微复杂的需要人工组装。在传统雕塑、建筑作品等人工技艺类的作品创作中，即使根据相同的雕塑、建筑物图纸，不同行为人创作的作品也不尽相同，甚至作者在实际依照图纸完成雕塑或者建筑物的过程中，也会进行适当调整，因此能够体现出作者的个人特征。然而，3D打印机无法在打印过程中凸显打印行为人的个人特征，任何一台3D打印机都是完美复

---

[1] 熊琦. 人工智能生成内容的著作权认定［J］. 知识产权，2017（3）：1-8.

制 CAD 文档，所以打印对象能够体现的个人特征只能够在 CAD 文档中得到印证。申言之，相同的设计图案，由不同的设计师完成，最终呈现的立体对象一定是有区别的。但是相同的 CAD 文档，即使不同的 3D 打印机，也是打印出完全相同的物理对象。由此可推知，3D 打印对象的独创性完全依附在相应的 CAD 文档之上。

从上述 CAD 文档和 3D 打印对象制作过程可知，3D 扫描仪和 3D 打印机代替人工完成大部分工作，毕竟能够使用计算机辅助设计软件从头开始制作 CAD 文档的个体是少数，同时最后物理对象的产生完全依靠 3D 打印机完成。因此，在判断 3D 打印行为中 CAD 文档和打印对象是否有行为人的智力投入，关键取决于 CAD 文档制作过程中行为人的智力投入。

第二节　3D 打印可版权客体类型归属

一、CAD 文档的作品类型归属

（一）CAD 文档不属于计算机软件作品

3D 打印 CAD 文档，其使用计算机辅助设计软件制作，同时 3D 打印过程是将 CAD 文档发送给 3D 打印机打印，类似计算机程序，因此存在 CAD 文档属于图形作品还是文字作品的争议。

计算机程序编写涉及一系列算法运行的函数分析的表达，用计算机语言（源代码）重新编写（由程序员和/或计算机编写），通过源代码编译器翻译成机器可读语言（目标代码）生成计算机程序。[1] 根据欧盟软件指令，"计算机程序"应该包括和硬件结合的任意形式的程序和预备性设计作品。[2] 美国1980年《计算机软件版权法案》（CSA）将"计算机程序"定义为"直接或间接用于计算机以便产生特定结果的一系列语言或者指令"[3]。虽然大多数国家和地区承认计算机软件作为文字作品受版权保护，但计算机软件实用性的本质使其与一般意义上的文字作品有显著不同。正如有学者指出，"'计算机软件'术语并不准确，并且很难在法律或者技术层面去界定。某种程度上，该术语结合了计算机程序和数据库；同时还意味着计算机产品或者服务"[4]。因此争议焦点是"计算机软件"的保护范围。美国法院在20世纪80年代中期的数字联合通讯有限公司诉软克隆传播公司案（Digital Communications Associates, Inc. v. Softklone Distrib. Corp）中，[5]"将计算机软件"确定为"文字作品"，保护范围既包括程序代码，用传统人类语言和符号编写的源代码，还

---

[1] Waelde, Laurie, Cornwell, Kheria. Brown: Contemporary Intellectual Property: Law and Policy [M]. Oxford: Oxford University Press, 2014.

[2] Directive 2009/24/EC Of The European Parliament And Of The Council of 23 April 2009 on the legal protection of Computer Programs, Recital (7).

[3] Software Under the 1976 Act, DIGITAL LAW ONLINE [EB/OL]. (201-03-06) [2018-11-25]. http://digital-law-online.info/lpdi1.0/treatise17.html.

[4] Michael S. Keplinger. Computer Software-Its Nature and Its Protection [J]. Emory L. J., 1981 (74): 138-299.

[5] Digital Communications Associates, Inc. v. Softklone Distributing. Corp, 659 F. Supp. 449, United State District Court, N. D. Georgia, Atlanta Division.

包括机器可读、二进制语言编写的目标代码。其中源代码是人类可读取并编写，目标代码是机器可读，源代码可以通过编译软件被转换为目标代码。计算机软件（源代码和目标代码）作为文字作品受版权法保护是因为程序员在选择、安排和编辑作品时体现了"独创性"，故而构成作者作品。

从创作过程来看，计算机软件和 CAD 文档同为计算机存储器内借助机器使用的电子数据。两者的区别也很明显：首先是制作方式差异，计算机软件属于源代码，而 CAD 文档不存在源代码形式，是人们使用 CAD 软件或者 3D 扫描仪制作；其次是"独创性"体现差异，程序员可以任意选择编码方式来制作软件，即特定功能有多种代码表达，程序员的选择构成计算机软件的独创性，CAD 文档独创性体现在文档的内容中而不是代码的选择；最后是表现形式差异，CAD 文档不具有文学可读性，完全由二进制代码构成，没有文字创作表达。此外，计算机软件根据功能可分为应用软件和操作系统软件两种，应用软件的功能是实现特殊任务，操作系统的功能是为应用软件运行提供便利。❶

3D 打印技术环境下，CAD 文档从功能角度区分可分为三组类型。第一组文档是帮助画图或操控对象，包括诸如 DWG 文档。这些文档通常不能被直接用于数字化制造，必须转换为单独的格式。第二组文档是已经转换成独有的数字制造格式，例

❶ Whelan Assocs. , Inc. v. Jaslow Dental Lab. Inc, 609 F. Supp. 1325.

如用于3D打印的STL、3MF和AMF[1]，以及CNC制造的STEP文档。[2] 例如，从DWG格式转换到STL格式，会改变文档所描述的物体的形状。第三组文档是由前述经软件转化的文档（3D打印的切片机和CNC的CAM）组成几乎能够直接对话制造设备（如3D打印机）的文档。这类文档通常包括GCODE文档类型的一种，但是也有其他的种类。GCODE文档为机器提供指导：往哪里移动，做什么，速度多快以及什么时候快。[3] 形成GCODE文档的软件必须了解将要制造设备的机器（如3D打印机）的特定细节。简言之，三组文档可以概括为设计文档、制作准备文档和机器指令文档。有鉴于此，CAD文档不属于计算机软件，无论是在制作方式还是功能上都有显著差异。

（二）CAD文档可归属于图形类作品

CAD文档描述3D对象几何表面形状，在立体光刻软件（STL）等运作下输出需要的3D对象；每一个CAD文档，都是待打印对象表面被细分或逻辑分解为一系列称为侧面小三角形

[1] What Is 3mf? 3MF CONSORTIUM [EB/OL]. (2017-03-20) [2019-08-20]. http://3mf.io/what-is-3mf.

[2] STRATASYS, INC., BEST PRACTICE: CONVERTING CAD TO STL (2015) [EB/OL]. (2015-08-09) [2019-07-07]. http://www.stratasys.com/~/media/Main/Files/Best-Practices_BP_BP_DU_CADtoSTL_1115.ashx.

[3] Bob Warfield, 3D Printing 101: Part 4: Software, CNCCOOKBOOK [EB/OL]. (2018-05-03) [2019-08-20]. http://www.cnccookbook.com/3d-printing-101-part-4-software..

的组合构成。[1] 3D 打印 CAD 文档基本上就是立体对象各个角度表达的集合。从文义解释角度，3D 打印 CAD 文档最有可能属于受版权保护的图形作品。[2]

从比较法角度出发，各国版权法对图形作品的定义差别很大。以 3D 打印技术发展领先的美国为例，其版权法中规定的图形作品涵盖范围很广，简称为 PGS 作品（图形、图画和雕塑作品），包括图片、实用艺术、照片、印刷物、图表、模型，技术草图（包括建筑计划）等二维作品和三维作品。[3] 我国《著作权法实施条例》规定的图形作品则是指工程设计图、产品设计图等图形类作品，按照文义解释不包括三维对象；同时对图形作品创作目的进行限制：为施工、生产绘制。美术作品则是指绘画、雕塑等以线条、色彩以及其他方式构成的平面（二维）或立体（三维）的艺术作品。从解释论上看，《美国版权法》规定的 PGS 作品涵盖我国《著作权法》规定的图形和美术作品。因此在 CAD 文档作品类型认定方面，美国学术界争议在于“实用对象不受版权保护”，对于具有“独创性”的 CAD 文档作品类型争议则较少。[4] 我国《著作权法》因为在规定作品类型时作

---

[1] Brian Rideout. Printing the Impossible Triangle: The Copyright Implications of Three - Dimensional Printing [J]. The Journal of Business, Entrepreneurship & the Law, 2011, 5 (1): 158 - 167.

[2] 17 U. S. C. A. § 102 (a) (5) (West 2001); Multimatic, Inc. v. Faurecia Interior Systems USA, Inc. , 358 F. App'x 643, 649 (6th Cir. 2009); Robert R. Jones Assocs. , Inc. v. Nino Homes, 858 F. 2d 274, 278 (6th Cir. 1988).

[3] US Copyright Law § 101.

[4] Daly A, Socio - Legal Aspects of the 3D Printing Revolution [D]. London: Palgrave Macmillan, 2016.

出太多限定，导致在认定CAD文档作品类型时出现困难。

从当前CAD文档所表达的内容来看，消费者层面3D打印所使用的CAD文档可以构成图形作品中产品设计图这一类型。产品设计图中，“产品”的版权法内涵在于其不属于版权客体，区别于雕塑、建筑等美术作品，当然也排除实用艺术类作品。[1]市场经济中，广义的“产品”则是指所有具备使用价值的物品和服务。从产品设计图创作目的来看，是为施工、生产绘制。而在3D打印背景下，用户创建产品设计图目的多样，除了为生产目的绘制，大多数用户为分享、切磋等精神性目的而创建，这与大多数用户属于业余爱好者有关，毕竟创建CAD文档不会出于欣赏目的，最终都是为了进行3D打印。

（三）CAD文档可归属于实用艺术作品

实用艺术作品在我国《著作权法（修改草案送审稿）》中有明确规定，核心构成要件为“实际用途+审美意义”。从我国《著作权法》对实用艺术作品作出“玩具、家具、饰品”界定可知，美术作品与实用艺术作品的根本性差异在于功能性，但两者之间并不是非此即彼的关系。[2]在3D打印背景下，很容易将功能性元素转化为艺术特征，因为CAD文档设计在发送到打印机之前，可以进行简单设计更改。例如，马克杯设计可以在

---

[1] 刘强．产品设计图著作权保护研究——以3D打印为视角［J］．重庆理工大学学报（社会科学版），2014（7）：64．

[2] 吕炳斌．实用艺术作品可版权性的理论逻辑［J］．比较法研究，2014（3）：69－70．

手柄上添加装饰性修饰，或者在杯面上添加艺术性图案，这些个性化更改可以很容易将纯粹功能对象转化为版权保护对象。3D 打印技术经历了原型设计、快速成型、直接制造和个人制造阶段，从其应用领域发展历程可知，3D 打印绝大多数适用于功能性领域[1]。但 3D 打印能够很容易地将功能性元素转换为艺术性特征，使功能性对象结合艺术性元素的 CAD 文档成为实用艺术作品而受版权保护。

随着 3D 打印技术不断发展成熟，CAD 文档将出现“锁定代码”[2] 现象。“锁定代码”（Lock code）表现为创建者在本身不具有最低程度创造性的 CAD 文档中，增加辅助版权方面的内容来寻求版权保护。[3] 例如，在文档中插入任意的创意性评论来增加版权表达，或者用户将不可版权的数字化对象与可版权保护的图像叠加在一起。此种情形下，“表达性内容”扮演“锁定代码”的角色，试图限制公众获取文档中实用性的部分。“锁定代码”现象并不是 CAD 文档特有的，只是在数字化技术的加持下，在 CAD 文档中更容易出现。“表达性内容”（审美意义）加上实用功能，使 CAD 文档构成实用艺术作品。

---

[1] 相关实证研究也证明了这一点：3D 打印越来越多被引进产业应用，如航空航天、汽车、医药、建筑和珠宝等。Thomas Birtchnell, Angela Daly, et al. 3D Printing and Intellectual Property Futures [EB/OL].（2016 - 10 - 12）[2018 - 11 - 13]. http://www.gov.uk/ipo.

[2] Lucas Osborn. Intellectual property channeling for digital works [J]. Cardozo L. Rev., 2018, 39 (3): 1300 - 1311.

[3] Lucas Osborn. Intellectual property channeling for digital works [J]. Cardozo L. Rev., 2018, 39 (3): 1313 - 1317.

（四）CAD 文档不属于摄影作品

从外在表现形式上看，扫描对象所获的 CAD 文档与照片类似。根据著作权法的立法定义，照片是借助器械呈现在任意材质上，客观记录物体形象的艺术作品。CAD 文档是借助扫描仪、呈现在计算机屏幕上、客观记录物理对象的数字化文档。从文义解释角度，若扫描仪创作的 CAD 文档具有艺术性，那么两者的定义几乎相同。这是否表明扫描仪创作的 CAD 文档的可版权性，可以套用照片可版权性规则？答案显然是否定的。二者存在以下两种差异。

第一，类型差异。照片大致可以分为三类：主题创作型、抓拍型和再现拍摄对象型。[1] 扫描仪创作 CAD 文档则只有再现扫描对象型一类，因为扫描仪忠实扫描物理对象，立体呈现数字模型。照片是二维呈现摄制对象，会因为拍摄角度、光线、背景设计等因素呈现不同拍摄效果，即使是再现拍摄对象型照片，其还原度也会受到各种因素干扰，如摄制平面图形，即使是真实再现原对象，在不同滤镜下也会呈现不同效果。[2] 相较之下，扫描仪制作 CAD 文档能够最忠实还原物理对象。因此扫描仪制作 CAD 文档类似于再现拍摄对象型照片。

第二，用途差异。随着摄制器材的不断改进和对拍摄技术

---

❶ 马一德. 再现型摄影作品之著作权认定 [J]. 法学研究，2016 (4)：130 - 137.

❷ 喻玲. 德国摄影作品著作权保护的历史发展及其启示 [J]. 知识产权，2014 (12)：92.

的要求越来越低，照片在日常生活中随处可见。人们出于各种目的拍摄照片，照片作为最终对象用途广泛。但扫描仪制作CAD 文档一般是作为中介手段，最终目的是通过 CAD 文档打印物理对象。不完全排除扫描仪制作 CAD 文档具有展示功能，但展示主要以写实为主，三维立体呈现展示对象，对其艺术性考虑甚微。从照片和扫描仪制作 CAD 文档的不同用途可知，照片与 CAD 文档呈现的效果是不同的，一个是最终产品，另一个是中介对象，因其用途不同会影响制作过程，最终呈现差异化表达。[1] 因此 3D 扫描 CAD 文档不属于摄影作品中照片这一类型。

二、3D 打印对象的作品类型归属

（一）3D 打印对象可归属于建筑作品

根据 1986 年世界知识产权组织和联合国教科文组织的统一界定，“建筑作品”包括设计图、草图和模型以及已竣工建筑物。[2] 1988 年《保护文学和艺术作品伯尔尼公约》（以下简称《伯尔尼公约》）增加了关于“建筑作品”的版权保护，规定“建筑作品”包含设计图、草图、模型和构筑物。美国加入《伯尔尼公约》之后，1990 年颁布的《美国建筑作品版权保护法

---

[1] 3D 扫描制作的 CAD 文档真实再现扫描对象，经过 3D 打印机实现物理对象之间的复制，整个过程由机器完成，3D 扫描仪的操作主体不影响最终扫描文档的表达。摄制的照片会因为拍摄主体不同而呈现不同的表达。

[2] 郑成思．知识产权论［M］．北京：法律出版社，2003：252.

案》（AWCPA）明确规定“建筑作品”受版权保护，摒弃之前“建筑作品”依附于“绘画、图形和雕塑作品”的做法。根据AWCPA的定义，“建筑作品”既包括建筑草图、计划，又包括建筑物和构筑物的整体形式，但是不保护单个的标准特征。[1] 我国1991年《著作权法》没有将“建筑作品”明确规定为版权客体，而仅出现在“美术作品”的扩大解释中，[2] 直到2001年修正的《著作权法》才将建筑作品与美术作品并列为版权客体。[3] 根据该法规定，建筑作品明确区分于图形、美术作品，只包含具有审美意义的建筑物或构筑物。根据文义解释，我国《著作权法》规定的建筑作品显然不包括CAD文档，但与之相对应的3D打印对象有构成“建筑作品”的可能性。

3D打印技术对现有建筑作品的版权保护提出了挑战。一方面，3D打印技术极大地缩短了从建筑草图到物理建筑的时间。在此之前，根据建筑图纸构筑物理建筑需要消耗较长时间，数年甚至数十年都有可能。[4] 美国国会在起草AWCPA时，从建筑草图到完成物理建筑的时间是建筑作品版权保护的重要考虑因素。为避免在施 工期间其他人根据建筑图纸完成建筑作品，美

---

[1] 17 U. S. C. §101（1990）.

[2] 刘宁. 建筑作品著作权侵权认定探析［J］. 福州大学学报（哲学社会科学版），2016（5）：100.

[3] 李永明，王君兰. 建筑作品著作权问题研究［J］. 浙江大学学报（人文社会科学版），2008（1）：75.

[4] Thomas Olson. Technology Takes Printing to Whole Different Dimension，“With 3－D printing，it takes just hours to create a prototype.”［EB/OL］.（2016－06－12）［2018－10－12］. http：//triblive. com/news/adminpage/3265615－74/printing－greene－pittsburgh.

国国会对建筑作品提供了额外的保护。[1] 3D 打印技术的出现将会消除此种顾虑。[2] 我国将建筑计划、草图与建筑作品单独进行保护模式的争议会随着 3D 打印技术日臻成熟重新考虑。另一方面，3D 打印技术会对建筑作品的版权主体资格提出挑战。建筑作品属于特殊作品，在实践中仅凭建筑师一人不能够完成，需要多方配合，如需要建筑结构工程师、土木工程师等加以协助。[3] 3D 打印技术的出现，使建筑师一人完成建筑物成为可能，此时可以明确建筑师为建筑作品的版权人。因为建筑师自绘草图，3D 打印机承担建筑师、土木工程师等参与主体的工作，这在一定程度上表明从建筑图纸到建筑实物全程只有建筑师参加。

（二）3D 打印对象有条件地构成立体作品

立体作品是我国《著作权法（修改草案送审稿）》定义的作品类型，对应现行《著作权法》中的模型作品。二者的区别在于立体作品没有突出强调按照比例制作，从而能将模型作品包含在立体作品内。之所以删除“按比例制作”要求，是为了解决作品独创性争议。若只是在现有作品基础之上，出于展示、试验或观测等目的，仅依靠变动作品比例就可以获得新作品，

---

[1] H. R. Rep. No. 101 – 735, at 19 (1990).

[2] 3D 打印技术极大地缩短了建筑作品的完成周期。沙特阿拉伯一家公司从丹麦公司 Cobod International 采购了世界上最大的建筑用 3D 打印机，这台 Cobod 3D 打印机可以建造 12 米宽、27 米长和 9 米高的建筑。一栋 300 多平方米的 3 层建筑可以轻易完成 [EB/OL]. (2017 – 03 – 02) [2019 – 10 – 28]. https://www.3dzao.cn/articles/detail/11736.html.

[3] 李永明，王君兰. 建筑作品著作权问题研究 [J]. 浙江大学学报（人文社会科学版），2008 (1): 77.

有忽略作品独创性要求之嫌疑。[1] 尤其在3D打印背景下，无论数字化还是物理形式，仅投入纯粹劳动改变原有作品比例很容易实现。

在梅什沃克斯案中，丰田汽车数字模型就是出于展示目的制作。在制作过程中没有强调比例要求，而是力图展现丰田汽车的特点，使消费者对于汽车结构、设计和造型等方面有更加直观的感受。[2] 梅什沃克斯汽车数字线框模型落入立体作品定义内，但最大的争议在于，是否满足独创性要求。若在模型作品定义内按照比例制作，显然很难满足独创性要求，但是立体作品对最后呈现效果没有作出限定，只要满足作品目的即可。此时完成作品独创性要求变得简单很多。申言之，按照比例制作是最终呈现模型符合原作品所有特征，而立体作品可以加入作者自己的理解或选择，在创作过程中选取最能代表原作品特征的要素进行组合，不同作者将会呈现不同效果的立体作品。有鉴于此，在主客观构成要件都满足的情况下，3D打印版权客体可归属于立体作品。

从上述分析可知，CAD文档和3D打印对象是根据其中表达的内容判断具体作品类型，但构成作品最重要的条件是满足“独创性”要求。

---

[1] 袁博. 新增“立体作品”——作品类型设置更合理［N］. 中国知识产权报，2014-06-20（009）.

[2] Meshwerks, Inc. v. Toyota Motor Sales U. S. A., Inc., 528F. 3d.

第三节　3D 打印可版权客体的独创性

一、作品独创性判断

（一）独创性二分法判断的难处

独创性是作品资格认定的前提条件，自从具有里程碑意义的菲斯特出版公司诉农村电话服务公司案[1]之后，人们一直遵循独创性二分法判断标准。[2] 虽然“独创性”两个要件在语义上缺乏明确性，[3] 但并未影响其广泛性。随着数字技术的发展，数字创作越来越普遍。与传统创作相比，数字创作更加自动化，创建程序和创作人之间的关系更加灵活，因此对“独创性”标准提出了更加明确具体的要求。[4] 3D 打印技术的出现将数字创作与物理产品生产相连接，打破字节与原子之间的障碍，数字作

---

[1] Feist Publ'ns, Inc. v. Rural Tel. Serv. Co., 499 U. S. 340 (1991).

[2] 刘辉. 作品独创性程度“三分法”理论评析 [J]. 知识产权，2011 (4)：65 -66.

[3] 谢晴川. 论独创性判断标准“空洞化”问题的破解——以科技类图形作品为切入点 [J]. 学术论坛，2019 (5)：46 -56.

[4] 谢晴川. 论独创性判断标准“空洞化”问题的破解——以科技类图形作品为切入点 [J]. 学术论坛，2019 (5)：46 -56.

品实用性增加。[1] 在梅什沃克斯公司诉丰田汽车案中，一审和二审法院皆认为丰田汽车线框数字模型不具有独创性，拒绝对其提供版权保护。[2] 如果此观点成立，并将此种“独创性”判断方法应用到其他数字作品中，那么绝大多数数字作品会因缺乏“独创性”而不受版权保护。为保障数字作品创建主体的利益，防止数字创作市场失灵，分析数字作品是否满足版权法意义上“独创性”的要求，显得十分必要。

同梅什沃克斯汽车模型CAD文档类似的数字作品是实用信息作品（Utility Information Works，UIW）。此类作品是表达必须符合统一性和一致性要求的数字作品，作者个性是否体现无关紧要。[3] UIW唯一目的是有效实现应用性，3D打印背景下CAD文档制作目的主要是打印物理对象，两者都符合“最有效表达”原则（most effective expression）。从文义解释角度出发，最有效表达是指让“表达”最大限度发挥效果。详言之，UIW作者通常寻找最佳或最有效实现作品特殊功能的表达；CAD文档则尽可能最有效还原物理对象，使受众能够打印相同物品。这也是数字文档被认为不符合“独创性”之所在，但UIW在部分国家具有版权客体资格，其对独创性原则的适用可以为CAD文档独创性认定提供参考。

---

[1] Ben Depoorter. Intellectual Property Infringement & 3D Printing: Decentralized Piracy [J]. Hastings Law Journal, 2014, 10 (8): 1483 - 1485.

[2] Meshwerks Inc, v. Toyota Motor Sales U. S. A., Inc., 528 F 3d 1258 (10th Cir. 2008).

[3] Dana Beldiman. Utility Information Works - Is Originality the Proper Lens [J]. Marq. Prop. L. Rev., 2010, 14 (1): 1 - 8.

从认识论角度出发，随着数字技术不断发展创新，人们将面临数字作品独创性判断更为复杂的情形。数字技术为大众提供便捷的复制和定制工具，使具有“公共产品”属性的数字作品在被他人利用时社会边际成本近乎为零，因此在立法论上设置禁止权，防止“搭便车”行为尤为必要。与传统作品创作相比，3D 打印背景下数字创作主要有以下几个特点。(1) 生产者与消费者身份自由切换。由于数字技术为大众提供便捷的复制和定制工具，消费者可以自己制作商品的数字文档，通过 3D 打印机打印所需商品，大众成为“创作者”。例如，用户复制处于公共领域的玩具汽车，但是在设计上加入一些艺术性元素，用户可以对新增加的部分主张作者权利。[1] (2) 数字创作中人工智能投入可与人力投入相媲美。如在梅什沃克斯案中，[2] 丰田汽车 CAD 文档大部分依靠人工智能完成，只有最后“雕刻”阶段依靠大量人力进行修饰工作。鉴于 3D 扫描技术尚未发展到完全由机器操作即可达到精确表达的阶段，所以人力投入必不可少。但如果人们按自己的意志修改扫描文档形成特定表达，须另当别论。(3) 除上述主要区别外，伴随着数字技术不断创新和传播途径日益多样化，与传统创作相比，数字创作更具灵活性，为法官进行“独创性”判断增加了难度。

---

[1] 梅术文．基于 3D 打印技术的网络知识产权制度变革 [J]．科技进步与对策，2017 (7)：105－108.

[2] Meshwerks Inc, v. Toyota Motor Sales U. S. A. , Inc. , 528 F 3d 1258 (10th Cir. 2008).

（二）独创性判断三分法的尝试

数字模型在创造过程中更多涉及“雕琢”行为，而不是机械复制。虽然法院在梅什沃克斯案中论据和结论方面出现争议，但对其中汽车线框模型独创性呈现指出的选择方向[1]是正确的。汽车CAD文档在“绘制”过程中所呈现的光线、阴影、背景或者角度的决定，是创作者进行选择之后的表达。正如素描艺术家可以选择超出灰色铅笔或者空白背景之外的选择，数字艺术家同样可以对此进行选择。例如，绘制可以旋转到任意角度的汽车骨架或3D线框表达，是体现阴影、背景和角度的选择，就像摄影师选择全白或者全灰背景的艺术效果一样。CAD文档的表达没有一种效果是计算机辅助设计软件强制规定且唯一的表达。因此，梅什沃克斯案中丰田汽车CAD文档所呈现的汽车数字图形，是创作者投入大量劳动和智力进行相关选择后呈现的表达。笔者认为，二审法院因错误地将“独创性”分析建立在“模型的客观评估”和“创建模型的主观目的”上而导致判断失误。“模型的客观评估”是指利用数字模型打印的最终产品的客观呈现；“创建模型的主观目的”指是否主观故意复制他人作品，当模型在客观上精确呈现物理对象并且主观具有“精确呈现”故意，在主客观相结合的条件下作品不具有独创性。

有学者在独创性二分法判断基础上提出三分法，旨在更加快速和准确地识别数字作品的独创性。独创性三分法并没有改

---

[1] Meshwerks Inc, v. Toyota Motor Sales U. S. A. , Inc. , 528 F 3d 1258 (10th Cir. 2008).

变二分法的内容，只是在此基础之上进行更为详细的划分。具体包括：（1）独立，即不是复制他人作品；（2）创作，主体上具有“作者身份”，客体上呈现“作品”外形，程度上区别于专利、商标或商业秘密等；（3）最低程度的创造力。[1] 根据文义解释，三分法只是将二分法中第一个要件“独立创作”进行拆分，因此三分法旨在对独创性作更详细具体的解释，而不是产生一个新的判断原则。

“独立”原则具体要求“不是复制他人作品”。[2] 其中复制是指对作品内容的精确呈现，而不是作品载体的变化。例如，将电子书打印成纸质书籍属于“复制”行为。这里可以类比商业秘密对“独立发现”的认定：鉴于商业秘密的“保密性”，未经商业秘密持有人许可，第三方不可能实施复制行为。[3] 那么第三方通过自己的研发获得商业秘密就是“独立发现”。即使双方商业秘密相同，也并不构成复制行为。这说明即使最终产品完全相同，但制作最终产品的过程是独立进行的，不构成复制行为，其中创作者创作过程是作品的关键所在。此处的“独立”更接近于主观构成要件，即行为人没有主观复制故意。版权法不保护思想而只保护表达，两个完全没有交集但拥有共同思想的创作者创作出相同或类似作品的概率是存在的。[4]

---

[1] Edward Lee. Digital Originality [J]. Vand. J. Ent. & Tech. L., 2012, 14 (10): 919-957.

[2] Feist Publications, Inc. v. Rural Telephone Service Co., 499 U. S. 340, 345 (1991).

[3] Kewanee Oil Co. v. Bicron Corp., 416 U. S. 470, 490 (1974).

[4] Sheldon v. Metro-Goldwyn Pictures Corp., 81F. 2d 49, 54 (2d Cir. 1936).

"独立"之要件并不是绝对排除"精确复制"，而是禁止"复制已有版权作品"。版权法明确规定，除合理使用外，未经授权复制版权作品是侵犯复制权的行为，因而复制非版权作品不构成版权侵权。例如，艺术家的写生行为是对自然事物的描绘，以写实为主。正如达·芬奇以同一个鸡蛋为模板绘画，毋庸置疑，每幅画作都具有独创性，属于美术作品。或者不同行为人以同一个鸡蛋为模板绘制图形，其分别对各自的画作享有版权。自然事物本身不具有版权，但是行为人对自然事物的绘画或者拍摄，会呈现行为人自己的特征，因此对现实事物的描绘不仅不构成版权侵权复制，反而能形成具有独创性的新作品。❶ 正如霍姆斯法官在格雷森诉布拉德福德案中说道，显而易见，原告是一个代表实际的群体（显而易见的事物），即使他们的描绘来自生活，这个事实也不会剥夺对他们的保护。与此相反，维纳斯（Velasquez）或者惠斯勒（Whistler）绘制的肖像画处于公有领域属于共同财产，任何人都可以对此进行"复制"，但对于他人的复制件进行复制则构成版权侵权，因为他人的复制件体现复制者个性以及对画作的个人理解。❷ 版权法并不限制行为人对现实事物的描绘或者"复制"，但是会禁止对"复制件"进行复制。3D打印背景下，绝大部分数字创作者以实用物品为对象制作CAD文档，整个过程类似绘画，与霍姆斯法官在布拉德福德案中所表达的观点类似，霍姆斯法官认为，画家作

---

❶ See Bleistein v. Donaldson Lithographing Co. , 188 U. S. (1903): 239 -250.

❷ 袁博. 略论视觉艺术作品间的"挪用"——以"从摄影到油画"的高精度临摹为视角［J］. 中国版权，2016（5）：35 -38.

画来源于现实生活，从来没有法院质疑其因准确再现事物而不构成版权客体。[1] 3D 打印数字创作取材于生活，现实物品实用功能并不影响 CAD 文档的可版权性。关键在于最终产品会因为力求还原现实之物而难以辨别是否为“独立制作”。例如，一位设计师在 2011 年为彭罗斯三角形创建了一个 CAD 文档并将公开制作程序，随后被其他人复制并在网上发布，数字文档的作者主张版权侵权。[2] 因为最终产品客观呈现相同效果，需要根据制作过程判断被控侵权人是否具有主观复制故意。即使最终呈现同一实用对象的 CAD 文档，独立制作的创作人还是会在制作过程中呈现不同的主观判断和选择。正如现实事物的描绘需要技巧、判断或选择以及创作者的经验反应。[3]

“创作作品”原则，即需要创作版权主题范围内的智力产品。“创作”之要件关注创作者创作作品的“实际过程”，以及最终产品属于版权法调整的对象范围，而不是专利、商标或外观设计等。[4] 申言之，“创作”更注重“主观投入”；“作品”强调外在表现形式。根据独创性三分法原则主张者李（Lee）教授的观点，“创作作品”原则实际上是对版权客体、专利客体、商业秘密客体等客体类型进行区分，进而突出“创作”不同于

---

[1] Gracen v. Bradford Exch., 698 F. 2d (7 th Cir 1983): 300 - 305.

[2] Tesh W. Dagne. The Left Shark, Thrones, Sculptures and Unprintable Triangle: 3D Printing and Its Intersections With IP [J]. Alb. L. J. Sci. & Tech., 2015, 25 (12): 582. 后来作者撤回版权侵权主张，并将该 CAD 文档置于公共领域。

[3] Cathy Treadaway. Digital Creativity: The Impact of Digital Imaging Technology on the Creative Practice of Printed Textile and Surface Pattern Design [J]. Journal of Textile and Apparel, Technology and Management, 2004, 12 (3): 10.

[4] Bilski v. Kappos, 130 S. Ct. 2010: 3218 - 3225.

“发现”“发明”行为。例如，他从比较研究角度，将商业秘密“发现行为”、专利发明“创新行为”与作品“创作行为”进行类比，进而在数字创作背景下对不同客体类型作更详细具体的区分。[1] 该要件最终本质上还是回归“作者创作投入的智力”标准。至于是否落入版权主题范围，无须大费周章进行解释论证，稍微具有法律常识的理性人都可以作形式判断。李教授在数字背景下提出独立“创作作品”的要求，实际上是出于对人工智能创作作品引发的作者身份困惑的担忧。

3D打印背景下，人们只需根据CAD文档即可通过3D打印机“打印”物理对象。我国目前尚未承认“机器”的民事主体身份[2]，所以CAD文档的作者身份是重点。根据“创作作品”要求，CAD文档作者资格获得的前提是必须在制作CAD文档过程中作出一定程度的智力贡献。如果通过3D扫描仪自动扫描设计得到CAD文档，此时人类投入智力劳动为零，扫描仪操作行为人不具备版权法意义上的作者身份。数字作品的“创造性”必须包含一定程度的“人工智力”才能获得作者身份资格。因此，“创作作品”第二顺位原则与第三个“最低程度创造性”要求很大程度上重合，区别之处在于“创作作品”要求同时对知识产权保护客体作出划分。

“最低程度创造性”要求是主观努力的客观体现。但正如菲斯特案中法院所持的观点，创造性的必要程度极低，即使少量

---

[1] Edward Lee. Digital Originality [J]. Vand. J. Ent. & Tech. L., 2012, 14 (10): 919-957.

[2] 熊琦. 人工智能生成内容的著作权认定 [J]. 知识产权，2017 (3): 8.

也足够达到最低标准，因此绝大多数作品很容易实现最低标准。[1] 按照法院对梅什沃克斯案的判决，创建数字线框模型时对“光线、角度、视角以及其他独创性表达因素”体现了“最低程度创造性”。[2] 除了上述类比照片“最低程度创造性”的判断标准以外，在最后制作 CAD 文档阶段所投入的智力劳动也是创造性的体现。类似实用信息作品（UIW）在实现最优功能、最终目的的过程中不同的创作者所投入的智力劳动不同，数字文档创作者表达自由的选择根据作品的功能性不同也有不同的选择。[3] 例如，梅什沃克斯案中，丰田汽车数字线框模型是丰田汽车公司为了给客户更直观的视觉体验，所以尽可能真实再现丰田汽车外形；彭罗斯三角 CAD 文档是为了使用数字技术创建复杂的数字模型；消费者创建零部件数字文档是为了实现其功能性等。人们出于不同的目的制作数字文档，制作过程的判断和选择空间不尽相同。例如，制作茶杯的 CAD 文档，可以在实物基础上添加艺术元素，用计算机软件在茶柄上绘制一朵花或其他装饰，通过 3D 打印机“制作”兼具实用与艺术的产品。所以，数字创作因制作目的差异而表现出不同的智力投入。有鉴于此，数字创作中“最低程度创造性”的判断具有多元性。

（三）独创性三分法的评价

独创性三分法将独创性判断复杂化，在已经通行多年的独

---

[1] Feist, 499 U. S. at 345.

[2] Meshwerks, 528 F. 3d at 1266.

[3] Dana Beldiman. Utilitarian Information Works – Is Original the Proper Lens [J]. Marq. Intell. Prop. L., Rev. 2010, 14 (10): 30 – 31.

创性二分法判定基础之上，三分法几乎没有产生新的见解，并且该测试方法适用于数字化作品判断，可能会造成不必要的混淆。但笔者认为，不可否认，三分法确实在一定程度上增加了当前二分法判断的复杂性，如果该复杂性在数字创作案例中带来更加准确和明智的结果，那么增加的复杂性是合理的。之所以在菲斯特案的基础之上分为三个步骤，是为了强调每个部分为独创性分析提供的独特贡献，如表2-1所示。

表2-1 独创性三分法

	独立	创作作品	最低程度创造性
王老吉饮料配方	是	否	是
人工智能作品	是	否	是
菲斯特案中电话白页	是	是	否
丰田汽车数字线框	是	是	是
复制作品	否	否	否

不同部分发挥着不同的作用。在一些案例中，作品可能满足独立和创造性要求，但是不满足第二个创作作品的要求（例如，功能技术诀窍或者独立制造的实用对象，或者是由AI独立制造的作品）。同样，在其他情形下，作品可能满足独立性和“创作”要求，但不能满足创造性要求（如菲斯特案中电话白页）。理解独创性每一部分测试的内容有助于避免犯美国第十巡回法院在梅什沃克斯案中同样的错误。此外，对创建两种不同的独创性测试的担忧是错误的，因为只有一种独创性测试。（两

分和三分）测试的方法直接来自菲斯特案判决。[1] 很多一般的版权案例可能不需要对独创性进行扩展分析，因为有疑问的作品很容易通过测试。对于这些简单的案例，提议的测试不要求法院或者版权局付出更多精力。相反，三分测试法为独创性提供了更详细的指导。

与第一个担忧相关的是，前述测试可能会遭到反对，因为可能会提高法院早已认为的足以通过低门槛的作品独创性标准。以摄影为例，人们只需要按下一个按钮即可拍摄一些照片，当前精细的自动相机几乎完成了所有其他操作。法律可能将按下照相机的按钮视为按下 3D 打印机的打印键。由此可能得出的结论是：二者都没有涉及作者足够的创造力思维。

最后，可能会出现不同意梅什沃克斯案中独创性结果的认定，并认为美国第十巡回法院对该案的判决是正确的。也有学者可能认为丰田汽车的设计是可版权的，因为它可以从汽车本身的实用对象部分分离开来。无论如何，版权法应该考虑不可版权主题事项的现实主义描绘，是出于独创性目的的复制。由于上述解释的原因，这两个论点都与现有判例法背道而驰。[2] 但是，即使假设分歧的可能性，这样的分歧甚至进一步证实重新审视菲斯特测试的必要性，以深入剖析每个元素的含义。因为在很长一段时期内，这些元素仍然过于模糊。

---

[1] Feist Publ'ns, Inc. v. Rural Tel. Serv. Co., 400 U. S. 340, 1991.

[2] 17 U. S. C. § 101 (2006). Satava v. Lowry, 323 F. 3d 805, 812 (9th Cir. 2003).

二、功能性和实用物品原则

版权法排除作品功能性方面的保护，这对CAD文档和打印对象的可版权性判断构成很大障碍。虽然版权保护范围延伸到PGS作品（图形、图画和雕塑作品的简称），但实用性原则排除PGS作品中那些不能被“独立识别，但能够独立存在的物理对象的实用性方面”。版权可分性是指当产品既具有表达性又具有功能性特征时，法律试图确定产品的哪些元素可受到版权法保护。❶ 它的目的是“尽可能在实用艺术版权作品和工业设计非版权作品之间描绘一条清晰的界线”。这实属必要，因为版权法保护的只是“图画、图形和雕塑作品”。从文义解释上看，这些概念似乎指向艺术类作品，但实际上“包括精美的图画、实用艺术作品、照片、打印物和艺术复制品，地图、地球仪、图表、表格、模型和技术草图，包括二维和三维作品”。❷ 以Etsy❸ 或者是Shapeways的产品为例，人们很容易得出业余爱好者制造的产品可能会落入版权保护的实用作品范围之内的结论。

版权可分性的判断方法目前主要有以下三种。

第一，物理上可分性，是指实用性表达能够作为一个整体

---

❶ 吕炳斌．实用艺术作品可版权性的理论逻辑［J］．比较法研究，2014（3）：70－73．

❷ 梁志文．论版权法上的功能性原则［J］．法学，2019（7）：150－151．

❸ Etsy，一家为3D打印用户提供家用打印产品的在线超市。重点关注家用手工产品［EB/OL］．（2018－10－13）［2019－07－22］．http：//www.etsy.com/market/3d_printing．

独立于对象，即“物体的功能性方面完全剥离”。❶ 例如，捷豹标志性跨越式猫帽装饰物在物理上是可分离的，因为它可以在不损害驾驶车辆能力的情况下从车辆上物理移除。如果 CAD 文档或 3D 打印对象上的装饰性特征能够与功能性特征物理分离，则符合版权保护条件。当装饰性特征和功能性特征紧密联系在一起时，分离就变得困难，如苹果 iPod 系列产品。

第二，概念上可分离性。在 Brandir 国际有限公司诉 Cascade Pacific Lumber 有限公司案中，涉及带状自行车架，美国第二巡回法院采取概念分离方法判断实用性表达分离情况。具体判断方法为：关注设计师意图，如果设计元素是美学和实用功能合并的产物，那么作品的艺术性与功能性不可分离；如果设计元素能够反映设计师独立于功能性表达的审美考虑，那么就存在概念上的分离。❷

概念上可分离性的本质在于：艺术性表达的有无不妨碍实用性功能发挥。❸ 概念性分离比较抽象，没有统一直接的测试方法。这给 3D 打印版权认定带来了困难，而大多数用户创建 CAD 文档的目的在于打印，这意味着大部分 CAD 文档和打印对象兼具美学和功能性特征，这加剧了 3D 打印产业版权保护和侵权认定的不确定性。

第三，抽象—过滤—比较测试。这是 1992 年由美国第二巡

---

❶ 吕炳斌. 实用艺术作品可版权性的理论逻辑 [J]. 比较法研究，2014 (3)：72-76.

❷ Brandir International, Inc. v. Cascade Pacific LumberCo. , 834 F. 2d 1142 (2d Cir. 1987).

❸ Copyright §2. 5. 3. 1.

回法院发展出的判断方法[1]，是计算机软件环境中一个更合适的解决方案。[2] 虽然版权可分性只提供了将实用主义与创造性分离的模糊语言，但是抽象—过滤—比较测试提供了更具体的三步程序来帮助法院区分二者。抽象步骤，是指将产品所有的功能分解为最基本的功能；过滤步骤，是指运用版权分析过滤前一步骤中的所有基本功能；比较步骤，比较前述过滤步骤剩下的非功能性、非实用性的特征，判断两种产品之间的相似性来评估侵权与否。[3] 此外，两者在同一个元素中表达的时候，抽象—过滤—比较测试在创意之上保护实用性。因此，它对像3D打印这样的技术创新领域提供恰当水平的保护。

3D打印技术背景下，很多作者可能会反其道而行之。版权法分离性标准成为其获得版权保护的工具，主要表现在两个方面：一是在CAD文档中插入非执行注释文本，该文本可受版权保护；二是用户在文档实用性内容中增加可版权图像或其他版权材料。这两种情况都会使文档整体受版权保护，因此会在一定程度上限制公众对实用对象的获取。合理运用三种分离方法，可准确识别版权保护对象。

---

[1] Assocs. Int'l, Inc. v. Altai, Inc., 982 F.2d 693, 706-11 (2d Cir. 1992).

[2] Alan Fu. Copyright severability: The hurdle between 3D printing and mass crowdsourced innovation [J]. Duke L. & Tech. Rev, 2017, 15 (5): 8-9.

[3] Assocs. Int'l, Inc. v. Altai, Inc., 982 F.2d 693, 706-707 (2d Cir. 1992).

本章小结

3D 打印技术发展至今，不过短短三十余载，却已经历经四个发展阶段，虽然目前仍有技术瓶颈有待突破，但可以预见，其应用领域将越来越广泛，其中个人制造层面的 3D 打印行为最需要法律发挥指引作用。音乐产业历史悠久，虽然在数字音乐文档非法共享初期面临大规模版权侵权，但音乐作品管理组织在行使著作专有权时足以应对，不同于 3D 打印工业应用，音乐产业已经有成熟的行业自律规则。在个人 3D 打印领域，CAD 文档性质未定，网络交易共享平台根据各自的利益有针对性地设置文档传播规则，或免费或收取不同的交易费用，CAD 文档创建人的利益无法得到保障，下载用户也处于可能侵权的担忧状态。因此，本章通过分析 3D 打印技术的工作流程，针对不同方式创建的 CAD 文档和打印获得的物理对象区别分析，CAD 文档的独创性体现在几何图形的构建上，从科学之美的角度进行判断，其同时决定 3D 打印对象的独创性。此外，3D 打印行为中对象的具体作品类型取决于文档所体现的内容，并不是单一的作品类型可以概括的，这也为后文 3D 打印行为中的版权侵权构成分析作铺垫。

第三章　3D 打印版权侵权构成分析

本章主要研究 3D 打印行为中版权侵权构成，旨在明晰版权侵权行为中直接侵权行为和间接侵权行为特征，试图将复杂的行为类型化，为个人制造 3D 打印提供行为指引，进而促进消费者层级即个人制造市场形成良好的发展秩序。在分析思路上：首先，从功利论角度，将前文已经介绍的消费者层级的 3D 打印行为参与主体之间的权利义务关系梳理清楚，间接判断行为人侵权时的主观构成要件；其次，从认识论角度将版权侵权行为类型化；最后，分析侵权行为造成的损害结果，即具体的侵权内容。当侵害行为与损害结果之间具有因果关系时构成版权侵权，行为人需要承担侵权损害责任。

第一节　3D 打印版权侵权归责原则分析

一、3D 打印版权直接侵权采取过错责任原则

版权侵权归责原则并没有在我国著作权法中明文规定，而是使用“未经许可”作为版权侵权判断的前提条件。从司法实践经验和域外制度学习中，可以看出我国版权领域对于直接侵权归责原则主要采取无过错责任原则。[1] 根据侵权责任法规定，无过错责任原则不追究行为人主观状态，关注行为客观结果是否侵犯版权法定权利。[2] 相反意见认为，版权直接侵权应该采取过错责任原则，该学者主要从解释论出发，认为“未经许可”是对行为人主观过错的一种推定，而过错推定又属于过错责任，同时认为无过错归责原则在侵权责任法中适用于特别严重的情形，如生命安全等，因此采取过错责任原则。[3] 分析版权直接侵权归责原则，运用比较分析法：一方面比较分析国家间对版权直接侵权所采用的归责原则异同；另一方面比较分析我国一般侵权与版权侵权的差异，两者综合得出结论。

---

[1] 王迁．知识产权法教程［M］．北京：中国人民大学出版社，2012．

[2] 程啸．侵权责任法教程［M］．3 版．北京：中国人民大学出版社，2017：87．

[3] 刘平．著作权“间接侵权”理论之检讨与展望［J］．知识产权，2018（1）：72．

从国家层面比较分析，英美法系以美国和英国两个发达国家为例，美国采取严格责任（无过错归责原则）和英国采取过错责任原则比较具有代表意义。[1] 大陆法系以德国为例，德国著作权法对版权直接侵权采取无过错责任原则，但法条明文规定，请求损害赔偿的版权侵权行为需要满足主观要件为故意或过失的条件。[2] 美国对作品版权的保护力度很大，表现为版权法定损害赔偿设置最低和最高赔偿额度，同时辅以版权惩罚性损害赔偿，以及刑事责任制度等。[3] 这些制度结合对版权直接侵权构成实实在在的震慑作用。而英国的区别在于，版权客体资格门槛很低，“独创性”判断标准从“额头流汗”开始演变，其中雕塑作品从“不考虑艺术品质”演变为要求具有“视觉上的享受”，还有很多诸如此类的现象，都表明英国版权法对版权客体门槛设置极低。比较英国、美国和德国三个国家的版权法对版权侵权的规定可知，美国版权法依据主观要件作为衡量侵权损害赔偿数额的标准之一，其明确规定只有在合理使用的情况下才能免责；而英国和德国版权法的相同之处在于，行为人主观要件为“故意或者过失”的情况下才承担侵权损害赔偿责任。相较之下，我国著作权法条规定模糊，即使在著作权侵权损害赔偿章节也未指出侵权行为主观构成要件，仅仅使用“未经许可”作为代替。从法的功能角度出发，我国著作权法没有美国版权法震慑作

[1] 17 U. S. C 504（c）（2）. UK Copyright Act，Sec 97（1）.

[2] 德国著作权法［M］. 范长军，译. 北京：知识产权出版社，2013：134.

[3] 崔国斌. 网络服务商共同侵权制度之重塑［J］. 法学研究，2013（4）：145-153.

用强；从法条内容严谨性角度出发，我国著作权法没有德国著作权法规定得明确而具体；从我国属于大陆法系角度看，版权法客体对于“独创性”要求比英国版权客体门槛高。因此在国家层面，我国著作权法对于直接侵权行为应该采取过错责任原则，同时将主观要件作为侵权损害赔偿的认定标准之一。

在我国国内法律体系层面，从立法目的上看，《民法典》中“侵权责任编”的具体规定，旨在保护民事主体合法权益，属于一般法。《著作权法》属于特别法，尤其是相对于一般民事客体而言，版权客体具有无形性，易于传播便于复制，侵权成本低且侵权行为隐秘难以追踪，所以不能简单地与一般民事客体相提并论。[1] 一方面，一般侵权责任项下无过错责任归责原则适用于环境污染、高度危险作业损害等人身安全损害的严重情形，这意味着只有在危及公共安全、损害公众利益的情形下可以适用。另一方面，当版权直接侵权采取过错责任归责原则时，可以将版权直接侵权行为的数量控制在合理范围内，同时对相应技术的发展尽可能地减少限制，也不会破坏一般法与特别法之间的关系。因此，笔者认为结合两个方面的对比分析，在国内法律体系对版权直接侵权采取过错归责原则更为合适。

具体到个人 3D 打印版权侵权层面，用户对相关版权作品认知有限，行为目的颇为复杂，行为结果也难以预料，版权侵权过错归责原则能够在模糊状态下为侵权明确界限。另外，我国版权侵权损害赔偿数额向来偏低，设置法定损害赔偿但并未规

---

[1] 熊琦．知识产权法与民法的体系定位［J］．武汉大学学报（哲学社会科学版），2019（2）：128－129.

定最低限额。根据司法实践中的案例分析可知，版权侵权判赔数额畸低。[1] CAD文档作品的价值尚未在打印过程中获得正确认识。现有案例也多是以“通知—删除”为侵权解决办法，[2] 因此3D打印领域版权直接侵权采取过错归责原则能够更好地规制人们的行为，有效扩大侵权预防作用。

二、3D打印版权间接侵权采取过错责任原则

间接侵权，顾名思义，指未直接实施侵权行为，但损害结果与间接行为存在因果关系。[3] 例如，销售盗版作品的跳蚤市场，直接销售行为人无疑构成版权侵权，那么提供跳蚤市场的企业或个人是否也要承担责任？一方面，市场所有人仅实施场所提供行为，并未直接参与销售盗版作品行为；另一方面，市场所有人确实从盗版作品销售行为中获益，并且其有能力打击非法行为，诸如更积极筛选供应商或对交易进行抽查等措施。[4]

---

[1] 曹新明. 我国知识产权侵权损害赔偿计算标准新设计［J］. 现代法学，2019（1）：121－123.

[2] Matthew Rimmer. The Maker Movement：Copyright Law，Remix Culture and 3D Printing［J］. U. W. Austl. L. Rev.，2017，41（51）：51－74.

[3] 朱开鑫. 网络著作权间接侵权规则的制度重构［J］. 法学家，2019（6）：115.

[4] Shapiro，Bernstein & Co. v. H. L. Green Co.，美国第二巡回法院认为，当监督的权利和能力与利用版权作品所获明显而直接的经济利益结合时，即使没有明知或者实际已知，版权法通过规定受益人承担侵权责任来实现法律目的。Shapiro，Bernstein &Co. v. H. L. Green Co.，316 F 2d 304（2d Cir. 1963）. 因此可以认为，直接从侵权行为中获益，并且有能力监督侵权行为发生与否的主体，承担版权间接侵权责任。Preeta Reddy. The Legal Dimension of 3D Printing：Analyzing Secondary Liability in Additive Layer Manufacturing［J］. COLUM. SCI. TECH. L. Rev，2014，14（3）：239.

随着市场经济的发展，大量第三方扮演“跳蚤市场”的角色，例如，消费者使用卡式录像带既可以制作合法电视节目录像，又可以制作非法电影复制件，消费者承担版权直接侵权责任没有争议，那么提供侵权工具卡式录像带并从中获利的制造商的责任呢？相同法律问题大量出现：直接侵权之外，版权责任应延伸至何种程度？版权间接侵权成为解决该问题的制度主张。

不同于专利法，版权法并没有明确规定间接侵权制度。[1] 大多数国家通过规定不同侵权责任来表达间接侵权理论。从比较法角度来看，最有代表性的理论范式包括：英国版权法规定的“从属侵权”；美国判例总结得出的辅助侵权和引诱侵权，以及间接侵权责任的替代责任；[2] 日本间接侵权三种模式分别为提供场所机会模式、提供侵权工具模式和系统型的提供模式。[3] 我国著作权法借鉴专利法对间接侵权的相关规定，从“条例”“指导意见”等非立法条文肯定间接侵权属于侵权责任体系的一个重要组成部分。同时在相关案例中通过判定“共同侵权”承认间接侵权之存在。[4] 通过对比不同国家不同的应对版权间接侵权措施可知，它们在归责原则上采“过错责任原则”，在行为方式上表现为促进、帮助、提供便利等侵权预备行为。

---

[1] 朱开鑫. 网络著作权间接侵权规则的制度重构［J］. 法学家，2019（6）：115.

[2] Sony Corp. v. Universal City Studios, Inc., 464 U.S. 417, 435（1984），该案确立辅助侵权（Contributory Infringement）行为；MGM Studios, Inc. v. Grokster, Ltd. 545 U.S. 913, 2005，该案确立引诱侵权（Inducement Infringement）；Shapiro, Bernstein & Co., 316 F.2d 304（2d Cir. 1963），该案确立替代责任（Vicarious Liability）。

[3] 李扬. 日本著作权间接侵害的典型案例、学说及其评析［J］. 法学家，2010（6）：58-59.

[4] 上海市第一中级人民法院（2011）沪一中民五（知）终字第33号民事判决书。

在我国现行著作权法间接侵权理论框架下，结合3D打印产业特征、分析打印生产流程，间接侵权行为类型化有利于快速判断侵权与否，同时能够发挥行为指导作用。比较三种具有代表性的间接侵权制度，英国版权法直接规定从属侵权，在我国立法尚未纳入间接侵权制度背景下不具有借鉴意义；美国间接侵权制度中“辅助侵权”和“引诱侵权”适用已经出现水土不服，我国版权间接侵权也未采取“替代责任”；相反日本间接侵权规则是从行为类型化角度进行考虑，可以从中进行比较分析并作出有益借鉴。日本版权法在间接侵权行为类型化方面主流观点代表学者是田村善之和吉田克己[1]，两人的观点对比如表3－1所示。

表3－1　日本两位代表学者的版权侵权观点对比

田村善之	吉田克己
人为管理甚至支配直接利用作品的行为	为侵权行为提供场所和机会
为直接使用作品的行为提供利用手段	为侵权行为提供道具
提供引诱他人使用作品的系统	为侵权行为进行系统提供型

从两位学者的观点中可以看出，他们都认可对侵权行为具有控制能力、对侵权行为提供帮助的主体有构成间接侵权的可能性。我国学者针对间接侵权行为也作出三种类型化归纳：第一，从侵权顺序上，属于版权直接侵权前置行为；第二，从作用发挥上，主要是从工具、材料等方面为侵权提供帮助；第三，

[1] 李扬．日本著作权间接侵害的典型案例、学说及其评析［J］．法学家，2010（6）：58－59．

从最终效果上，间接侵权扩大直接侵权损害后果。[1] 其中第三种行为类型是必然结果，从间接侵权行为具有帮助属性可推知，帮助行为既可以是实现侵权，也可以是帮助进一步扩大侵权范围。无论何种情形，最终都会“扩大损害后果”。这是间接侵权隐藏的作用效果。

总结起来主要有三个方面：第一，间接侵权行为人可以支配侵权行为；第二，间接侵权属于帮助行为，不是侵权实行行为；第三，为侵权创造系统性条件，有引诱侵权之嫌。结果为间接侵权行为人从侵权行为中获益并对版权人造成权利损害。承前所述，3D 打印产业参与主体包括打印机和材料制作者、CAD 文档开发者和创建者，互联网服务提供者以及 3D 打印服务和终端用户。[2] 满足上述三个条件的 3D 打印参与主体包括打印机制造者、互联网服务提供者以及 3D 打印服务机构，具体是否侵权还需根据个案判定。例如，需要考虑具有控制地位的行为主体的具体业务范围、是否从侵权行为中直接受益等因素。[3]

讨论版权间接侵权中责任成立因果关系，即 3D 打印过程中参与主体先行行为是否直接导致版权侵权损害结果。主要以 3D 打印过程中处于控制地位的主体：打印机制造者、互联网服务提供者展开责任因果关系讨论。3D 打印最早应用于工业领域，

[1] 刘平. 著作权“间接侵权”理论之检讨与展望［J］. 知识产权，2018（1）：70.

[2] 喻玲. 3D 打印相关主体版权侵权研究［J］. 华东理工大学学报（社会科学版），2019（5）：66－69.

[3] 上海知识产权法院（2016）沪 73 民终第 155 号民事判决书。法院根据网络服务商仅对争议作品提供存储服务、未从侵权行为中直接受益以及主观认识等因素判决间接侵权不成立。

第一台工业用3D打印机如第一台计算机一样，体积庞大且价格昂贵，具有一定经济实力的企业才能支付。[1] 伴随部分核心专利到期、[2] 技术成熟度提高和可打印材料种类增多，3D打印应用领域不断拓宽。3D打印机的种类也越来越多，主要有军事、医药、生物、个人制造等领域专用打印机。同时打印机在体积和价格方面不断完善，逐渐与消费者的经济能力相匹配。3D打印机作为辅助工具，帮助行为人实现侵权，因此造成损害结果，二者互为因果关系。

在侵权发生过程中，提供帮助行为的第三人与直接实施侵权的行为人，两者共同作用促成侵权损害结果，间接侵权行为与损害结果之间表现为“结合的因果关系”[3]。因果关系与责任承担之间是必要不充分关系，3D打印机确实促成了侵权损害，但3D打印机制造商是否承担侵权责任并不能一概而论。例如，美国联邦最高法院在索尼案[4]中确立的“实质性非侵权用途”，之后演化为“技术中立原则”[5]：技术本质上是“工具”，工具本身无所谓侵权与否，使用工具的行为才涉及侵权。因此个人进行3D打印时，因为使用工具而出现损害结果，方才涉及侵权判断。即3D打印机使用目的至关重要。正如Betamax用于复制

---

[1] Bradshaw S.，Bowyer A，Haufe P. The Intellectual Property Implication of Low－Cost 3D Printing［J］. SCRIPT－ED，2010，7（1）：520－526.

[2] 3D Printing：The Latest Architecture and News［EB/OL］.（2017－06－17）［2019－07－18］. https：//www.archdaily.com/tag/3d－printing.

[3] 程啸. 侵权责任法［M］. 北京：中国人民大学出版社，2020：113.

[4] Sony Corp. of America，Inc. v. University City Studio，Inc.，464 U.S. 441.

[5] 曹丽萍. 网络游戏著作权案件审理中的四大难题［N］. 中国知识产权报，2015－06－05（009）.

版权作品，3D 打印机核心在于“打印”CAD 文档，[1] 3D 打印机能够忠实还原 CAD 文档内容，相当于复制。[2] 与录音机一样，3D 打印机兼具侵权与非侵权用途，适用技术中立原则。3D 打印机制造商是否侵权须根据个案判断。目前尚未出现针对 3D 打印机制造商提起的间接侵权诉讼，但已经有国家对 3D 打印机征收打印税提出讨论：法国议会在 2014 年，经议会成员建议，将“复制设备”和“空白媒体”税收扩展到 3D 打印机和相关消耗品。[3] 虽然该建议未被最终采纳，但在一定程度上反映出认可 3D 打印机制造商构成间接侵权的可能性。

互联网服务提供商间接侵权责任类似 3D 打印机制造商，区别在于 3D 打印机出售之后，制造商对用户后续使用行为失去了控制能力。[4] 互联网服务提供商作为基础平台，有能力监控侵权行为。[5] 版权间接侵权认定，主观过错和网络服务提供商的安全保障义务是至关重要的。通过分析网络服务平台不同经营模式下的权利义务关系，间接判断网络服务提供者是否具有间接侵

---

[1] 吴坤埔. 3D 打印技术应用的版权障碍与立法研究 [J]. 出版广角，2016 (5)：50.

[2] 吴学安. 3D 打印给版权保护带来新挑战 [N]. 中国知识产权报，2015 - 05 - 22 (009).

[3] Birtchnell T, Daly A, Rayna T, et al. 3D Printing and intellectual property futures [J]. Final Report for Project commissioned by the UK intellectual Property office, 2018 (3).

[4] Preeta Reddy. The Legal Dimension of 3D Printing: Analyzing Secondary Liability in Additive Layer Manufacturing [J]. COLUM. SCI. & TECH. L. REV, 2014, 14 (4): 246.

[5] Aliza Rana. Scan, Copy, Print: How to Minimize Copyright Infringement During The 3D Technology Revolution [J]. Columbia Business Law Review, 2018, 17 (10): 673 - 684.

权主观故意。全球用户数量最多的3D打印网络服务平台Thingiverse网站，提倡通过知识共享免费获取CAD文档。[1] 从功利论的角度出发，Thingiverse平台作为中介参与CAD文档共享与打印，在3D打印生态系统中扮演“在线设计存储库”的角色，并未从中获取利益，包括投放广告等延迟利益。但从横向和纵向知识产权分享模式进行分析，Thingiverse并不是“纯粹中介型”的非营利性平台，而是具有商业目的的共享平台。申言之，横向知识产权分享发生在平台用户之间，根据各自选择的知识共享模式免费获取CAD文档；而纵向分享发生在MakerBot（Thingiverse平台的实际操作者）公司与用户之间的知识产权转移方面。从分享结果上看，横向分享的用户在网站注册时签订使用条款承诺免费分享知识产权，而在纵向分享层面，MakerBot公司根本无意与用户分享其知识产权。[2] 在免费开放获取背后，是MakerBot公司利用Thingiverse平台寻找可以在家打印的设计来增加打印机销售的价格，以此分析个人打印习惯，有针对性地出售3D打印机，并从中获利。[3] 由此可知，虽然无法直接证明网络服务平台主观具有侵权故意，但是从其营利性目的和“关闭”知识产权纵向分享行为可以推断间接侵权故意。

---

[1] 3D打印服务平台［EB/OL］.（2016－06－11）［2019－09－28］. http：//www. thingiverse. com/thing：30808.

[2] Smith. Z 2012，MakerBot vs. Open Source－A Founder Perspective，Hoektronics［EB/OL］.（2012－02－14）［2019－07－28］. http：//www. hoektronics. com/2012/09/21/makerbot－and－opensource－a－founder－perspective/.

[3] Jarkko Moilanen，et al. Cultures of sharing in 3D printing：What can we learn from the licence choices of Thingiverse users?［J］. Journal of peer production，2018，6（1）：238.

第二节　3D打印版权侵权侵害行为类型化分析

一、制作CAD文档的行为

制作CAD文档，又称为创建数字模型，是3D打印的前提。如前所述，制作CAD文档主要有三种方法：利用计算机软件独立创建、利用3D扫描仪扫描获取以及前述两种方式相结合。[1]不同创建方法引起的版权法律后果不尽相同。

利用计算机软件独立创建CAD文档，其中也分成两种情形。第一种情形完全凭借想象进行计算机绘图行为。这是独立创作的行为，需要具备一定的专业技能，个人制造层面能够达到专业熟练程度的是少数。第二种情形是以现实中的物理对象为参考，该物理对象分为版权对象和非版权对象。对于非版权对象，如纯功能性产品，从三维到二维的转换不构成版权法意义上的复制。该二维图形中，具有独创性的CAD文档有可能构成产品设计图，但只对CAD文档本身进行版权保护；对于参照属于版权客体的物理对象，则需要考虑异形复制和侵犯外观设计权利的问题。异形复制问题在我国司法实践中虽然没有达成完全统一的认识，但绝大多数案例认可异形转换属于版权法含

[1] Thomas Fuhrmann. 3D－Printing：A New Challenge for Intellectual Property［M］. Cape Town：University of Cape Town，2016.

义内的复制行为。[1] 因此未经版权人许可，行为人将版权对象转换成相应的CAD文档，属于版权侵权行为。

利用3D扫描仪扫描创建CAD文档，是当前使用频率较高的一种创建方式，正如傻瓜相机一样，简便易操作。使用计算机辅助设计软件和使用3D扫描仪创建CAD文档的区别在于人力投入，前者用户在创建过程中运用自身专业知识投入劳动创建数字模型，后者则使用3D扫描仪取代用户的“人力付出”，使用机器完成需要“额头出汗”的部分劳动。[2] 由此，两种创建CAD文档的方式区别在“独创性”判断部分，至于版权侵权与否的判定可以使用相同规则。

第三种CAD文档创建模式，是将前两种方式结合在一起创建CAD文档。申言之，用户首先使用3D扫描仪扫描对象创建CAD文档，然后使用计算机辅助设计软件对扫描而成的CAD文档进行个性化修改。扫描结合制作软件创建CAD文档的方式相对复杂一些，其中不仅涉及作品复制问题，同时还包括作品修改、作品演绎等问题，具体版权侵权内容将在下文详细描述。根据著作权法规定，未经作者许可，复制、修改和演绎作品的行为属于侵权行为。

从比较法角度出发，将CAD文档创建方式与传统作品创作方式相比较，其特殊之处在于CAD文档的创作绝大多数以现实的物理对象为模板，完成物理对象轮廓绘制的主体是机器，可

---

[1] 单晓光. 论3D打印中的“异形复制”［J］. 科技与法律，2017（1）：15－18.

[2] 李永明，郑金晶. 3D打印中CAD文件的定性与复制问题研究［J］. 浙江大学学报（人文社会科学版），2015（2）：149－150.

供创建人发挥个人智力空间的地方有限，导致即使是不同的行为人也可以创作出相同 CAD 文档。例如，在首个 CAD 文档删除通知案例中，三个不同的行为人创作出完全相同的彭罗斯三角 CAD 文档，单从 CAD 文档看，很难找到作者的个人印记。[1] 这与美术作品形成鲜明对比，即面对同一个绘画对象，不同画家所描绘出来的画面完全不同，美术作品中的个人印记比较突出。[2] 因此，在 CAD 文档创建过程中，判定行为人版权直接侵权行为在认定规则上与一般作品没有区别，只是认定版权侵权的过程难度较大。

二、上传 CAD 文档的行为

版权直接侵权是指行为人未经版权人许可侵犯版权法定权利的行为。CAD 文档上传者可能是侵权 CAD 文档创建者或第三人，可能要对版权直接侵权承担责任。基于此，版权侵权有两种可能情况：（1）CAD 文档上传者传播或者销售他自己创建的侵权文档；（2）上传者未经许可传播或者销售他人创建的可版权 CAD 文档。根据版权法规定，未经许可上传版权作品，有可能侵犯版权人发行权、网络传播权。但我国目前对于版权直接侵权主观构成要件归责原则没有达成统一认识。有主张无过错

---

[1] Brian Rideout. Printing the impossible triangle：The copyright implication of three - dimensional printing ［J］. The journal of business，entrepreneurship & the law，2011，5 (1)：165 - 166.

[2] 王洪斌. 民间美术知识产权的保护 ［J］. 湖南工业大学学报（社会科学版），2018（4）：57 - 58.

责任原则[1]，也有主张过错责任原则[2]，这对于认定CAD文档上传者版权侵权责任至关重要。前文已述，笔者认为版权直接侵权应采取过错归责原则。

从3D打印应用领域不断拓展，打印材料种类不断增加可以推知，3D打印机未来将与计算机一样成为家庭必备品，一般消费者都可以轻易访问并打印。正如谷歌致力于推行平价3D打印机，旨在将3D打印机在类似沃尔玛这样的平价超市出售。考虑到奈普斯特案例中点对点分享尚无有效解决办法这一现实问题，上传CAD文档的行为必定会带来诸多版权直接侵权现象。[3] 从因果关系上看，行为人未经许可上传CAD文档是导致侵权结果发生的直接原因，同时行为人无论是否在主观上认识到侵权行为，其对作品所有权人不属于自己是有清晰认识的。所以，表面上看似是无过错责任原则，其实在行为人"使用"他人版权作品之时已存在过错。因此版权侵权案例采用过错责任原则，符合版权侵权行为特征。

对于CAD文档上传行为，在适用过错归责原则时，上传人承担上传CAD文档行为的过错举证责任：一方面可以缓解无过错责任对行为人侵权注意义务过度拔高，另一方面促使行为人在举证过程中更加具体细致地认识侵权行为，避免重蹈覆辙。例如，英国知识产权局对3D打印版权侵权所作的实证研究表

---

[1] 王迁. 知识产权法教程［M］. 北京：中国人民大学出版社，2012：249.

[2] 刘平. 著作权"间接侵权"理论之检讨与展望［J］. 知识产权，2018（1）：72.

[3] A & M Records, INC. v. Napster, Inc. 239 F. 3d.（9th Cir. 2001）.

明，3D 打印小规模版权侵权正在进行并有上升趋势，3D 打印工作室当前且在将来很长一段时间内将占据主流打印。❶ 以过错归责原则严格限制版权侵权行为，能促进 3D 打印工作室规范其打印行为，减少版权侵权行为发生的概率。

三、分享 CAD 文档的行为

与创建数字音乐一样，3D 建模改变了信息传递方式。在音乐领域，新的文档格式允许将录音作为压缩数据存储；内存小的文档可以通过互联网轻松共享。3D 打印数字模型亦如此。CAD 文档在物理体积上满足互联网分享的条件，互联网高速传播的效率为文档共享提供便利，由此产生大规模版权侵权行为，极大地损害了版权人的权益。

CAD 文档共享可参照数字音乐共享案例。数字音乐在互联网背景下适用 P2P 技术，“去中间化”传播方式使作品在网络上得以大规模分享。❷ CAD 文档和数字音乐都具有无形性、易于复制性，且两者都可以“用户创造内容”为作品创建方式：和网络用户上传自己制作的录音制品、改编演绎他人音乐作品一样，网络用户将自己创建的 CAD 文档上传至网络，或者下载他人

❶ Jane Nielsen, John Liddicoat. The Multiple Dimensions of Intellectual Property Infringement in the 3D Printing Era [J]. Australian Intellectual Property Journal, 2017, 5 (3): 203 - 205.

❷ 司思. 论短视频平台的数字音乐版权保护 [J]. 西南政法大学学报, 2018 (5): 113 - 116.

CAD 文档进行改编演绎。[1] 作品创作主体突破以往类型扩大为“全民参与”。CAD 文档传播的简易性导致大规模版权侵权成为可能，权利人往往因维权的经济成本过高而放弃，容忍侵权行为发生。

根据数字音乐共享经验教训，CAD 文档网络共享侵权认定并不困难，行为人侵犯版权法规定的权利人享有的法定权利即构成直接侵权。例如，未经权利人同意下载版权 CAD 文档进行打印，或者在线销售侵权 CAD 文档等行为。难解之处在于如何有效维护版权人的利益。[2]

第三节　3D 打印版权侵权的权利内容分析

一、复　制　权

（一）3D 打印复制认定

承前所述，具有独创性的 CAD 文档属于版权客体，即从头开始独立创建 CAD 文档或者对现有 CAD 文档进行充分修改。通

---

[1] 郑宏飞. 论用户创造内容的著作权困境及完善路径［J］. 山东行政学院学报，2019（1）：70－71.

[2] Jeppe Andersen. The Intellectual Property Right Implications of Consumer 3D Printing［J］. Department of Business Administration School of Business and Social Sciences Aarhus University，2014，3（4）：38－42.

过计算机辅助设计软件从头开始创建 CAD 文档需要进行智力投入，并且会在最终作品上体现人力选择和判断；而充分修改则要求用户在原有 CAD 文档基础之上增加创造性内容成为新的作品。[1] 根据 CAD 文档的表达内容不同，其客体种类不同。例如，荷兰阿姆斯特丹梵高博物馆利用 3D 打印技术成功制作凡·高美术作品，每幅售价 2.2 万英镑[2]，此时 CAD 文档属于美术作品。目前家用 3D 打印逐步成为主流，企业掌握生产资料、垄断制造的局面被打破，消费者逐渐转变为产销一体者（prosumer），由先前生产者到消费者单向传递模式演变为无序模式，平面到立体或立体到平面任意切换。[3] 根据 CAD 文档版权客体类型，其中产品设计图、建筑草图会出现异形复制争议，我国著作权法并没有明确规定“异形复制”是否属于著作权法规制内容。3D 打印和 3D 扫描技术节省了平面与立体相互转换的时间和技术成本，异形复制现象不再遥不可及。在 3D 打印背景下，CAD 文档与相应的 3D 打印物之间的可版权性并不同步，平面与立体转化较传统制造情形更为复杂。在现有著作权法没有明确异形复制外延的情况下，司法判例同案不同判导致无法提供统一指导，明晰异形复制边界为人们进行 3D 打印提供稳定的预期和裁判规则显得尤为重要。

---

[1] Tesh W. Dagne, Chelsea Dubeau. 3D Printing and the Law: Are CAD Files Copyright – Protected? [J]. Intellectual Property Journal, 2014, 10 (4): 122 – 130.

[2] 3D 打印逼真《向日葵》梵高画作复制品标价 2.2 万英镑 [EB/OL]. [2018 – 11 – 20]. http://sh.eastday.com/m/20130906/u1a7643262.html.

[3] 冯飞. 当心 3D 打印技术背后的版权问题 [N]. 中国知识产权报，2013 – 03 – 01 (009).

从比较研究角度来看，CAD文档与传统美术、图形作品存在显著的差异：第一，载体种类不同，CAD文档以“字节”形式存储在计算机以及类似移动设备中为人们间接感知；第二，美术、图形作品载体种类多样，例如，纸张、布料等可以为人们直接感知；第三，演绎灵活程度不同，CAD文档因其数字化本质，在完成之后仍可进行修改演绎，而传统美术、图形作品一旦完成很难进行不为人们所察觉的改动。有鉴于此，CAD文档作品复制与演绎界限较传统作品更加复杂。版权法意义上的复制通常采用三要素说，内容再现、形式重复以及不产生创造性。❶ 复制理论四要素说则认为包括形式再现、非独创性、竞争性以及受众与作品的非直接接触性。❷ 两种学说都揭示了版权法意义上复制的内涵：包括但不限于完全相同。例如，“仿制”行为也包括在内。❸ 相较之下，四要素说更细致全面地涵盖了异形复制的情况，同时明确了原件和复制件的竞争性关系。❹ 因此，以四要素为判断标准来检验3D打印背景下CAD文档相应客体类型与立体产品之间是否具有版权法意义上的复制关系更加准确。

从制作方式上看，创建CAD文档分三种情况：用户生成内容、用户复制内容以及用户生成演绎内容。申言之，用户生成

---

❶ 吴汉东. 著作权合理使用制度研究［M］. 北京：中国政法大学出版社，1996：168－169.

❷ 冯晓青，付继存. 著作权法中的复制权研究［J］. 法学家，2011（3）：102.

❸ L. Ray Patterson，Stanley W. Lindberg. The Nature of Copyright：A Law of Users' Rights［M］. University of Georgia Press，1991：146.

❹ 冯晓青，付继存. 著作权法中的复制权研究［J］. 法学家，2011（3）：102.

内容是指用户从头开始创建原创作品且投入智力创造;[1] 用户复制内容是指用户没有以任何方式干预现有作品作出实质性修改;用户生成演绎内容是指用户创建一个新的作品，通过对原作品增加独创性来实现。用户生成内容不涉及复制，个人使用计算机辅助设计软件从头创建 CAD 文档，属于独立开发显然不存在复制，并且用户对独立创建的 CAD 文档拥有版权。[2] 在英国广播公司全球有限公司诉帕利丝网印刷有限公司案（BBC Worldwide Ltd v. Pally Screen Printing Ltd）中，法院认为天线宝宝本身不受版权保护，但天线宝宝设计图纸构成艺术作品，根据天线宝宝而不是原始设计图纸制作相应的 CAD 文档不构成复制行为。[3] 美奇设计公司诉百灵达专业工作室设备有限公司案（Mackie Designs Inc. v. Behringer）中，法院认为利用设备反向工程一个电路图并没有侵犯原始电路图。[4] 在 3D 打印背景下，若用户根据电影场景中蝙蝠车造型自己独立从头创建蝙蝠车 CAD 文档并进行打印，该行为也不构成版权侵权，因为蝙蝠车设计图纸受版权保护而不是蝙蝠车本身。[5]

---

[1] 熊琦．“用户创造内容”与作品转换性使用认定［J］．法学评论，2017（3）：64.

[2] 郑宏飞．论用户创造内容的著作权困境及完善路径［J］．山东行政学院学报，2019（1）：70－71.

[3] BBC Worldwide Ltd. v. Pally Screen Printing Ltd. [1998] FSR 665（EWHC（Ch））（UK）.

[4] Mackie Designs Inc. v. Behringer Specialised Studio Equipment（UK）Ltd. [1999] 20 RPC 717（EWHC（Ch））（UK）.

[5] Ssshil Dama，Amulya Chinmaye. Printing a Revolution：The Challenges of 3D Printing on Copyright［J］. The George Washington Law Review Arguendo，2016，6（10）：80－83.

在用户复制内容的情形下，若版权作品属于公共领域，则CAD文档创建者属于描述由其他版权人创作的现有雕塑作品设计的行为。[1] 即使完全“复制”版权对象制作CAD文档也不存在版权侵权，如彭罗斯三角案例。

最后，“授权复制”也属于版权侵权豁免，版权所有人为明示授权或默示许可行为都是版权侵权抗辩理由。诸如Thingiverse网站等3D打印社区，人们公开分享各种产品设计的CAD文档，上传版权CAD文档的用户通常会授权网站用户复制或修改设计并3D打印产品。[2]

（二）3D打印艺术作品构成复制

3D打印背景下具有独创性的CAD文档根据其文档内容划分为艺术作品和科学作品。从功能角度出发，艺术作品主要凸显“审美意义”，实现视觉欣赏功能；而科学作品主要凸显“科学之美”，实现实用功能。例如，图形作品中的工程设计图，是为了施工、生产而创作，其功能价值体现在依照作品所完成的3D打印物上。因此，两种不同类型的作品在版权法意义上的复制行为存在差异。

3D打印背景下具有独创性的CAD文档根据其内容，可以涵

---

[1] 打印米开朗基罗的雕像［EB/OL］.（2015-01-26）［2019-11-01］. Ariel Bogle, “Good News: Replicas of 16th Century Sculptures Are Not Off-Limits for 3-D Printers”, Future Tense, 26 January 2015, http://www.slate.com/blogs/future /2015/01/26/3d printing_and_copyright_replicas_of_16th_century_sculptures_are_not.html.

[2] 3D打印服务平台［EB/OL］.（2017-10-12）［2019-10-19］. http://www.thingiverse.com/legal.

盖美术作品和实用艺术作品，两者都包含平面和立体作品类型。根据复制判断四要件说来具体分析 3D 打印技术背景下艺术作品平面与立体复制问题。

第一，形式再现要素，3D 扫描技术可以精确还原艺术作品原件，制作相应 CAD 文档，目前技术发展到可以使用智能手机制作 3D 数字模型[1]，此时艺术作品的观赏功能不会因为载体形式发生变化而受到影响；艺术作品的 CAD 文档通过 3D 打印机打印得到物理复制件，整个过程完全按照 CAD 文档的指令进行打印，所以形式再现要素满足。

第二，非独创性要素，目的是区分演绎行为。版权法意义上的复制要求相似而不是相同，复制件的内容构成与原件“实质性相似”即可。数字化形式的 CAD 文档极易改编，行为人使用作品改编行为掩盖作品复制行为，原件与“复制件”是否实质性相似成为侵权判定依据。在艺术海报诉画字拼贴案（Art & Allposters International BV v. Stichting Pictoright）中，原告利用化学方法将美术作品从纸张转移到帆布，被告认为原告的行为属于“改编”[2]，CJEU 裁判重要的媒介变更在 InfoSoc 指令范围内不属于改编。类比 3D 扫描技术创建版权作品的复制件，媒介变更但是智力创造保持不变，数字化增量不会改变复制本质。也有学者认为演绎权是复制权的子权利，而复制权对作品进行兜

---

[1] “123D Catch” by Autodesk [EB/OL].（2016－05－01）[2019－03－27]. http：//www. 123dapp. com/catch.

[2] Art & Allposters International BV. v Stichting Pictoright，C－419/13，ECLI：EU：C：2015：24.

底保护。[1]演绎行为与复制行为一样，以版权作品为基础，区别在于演绎行为之后产生新的版权作品。[2]用户打印艺术作品CAD文档，仅为媒介转移行为，未投入创造性要素，属于复制而非演绎行为。

第三，竞争性因素，美术作品与实用艺术作品最明显的区别在于原件的价值。[3]我国著作权法明确规定展览权主体为美术和摄影作品的原件或者复制件，在一定程度上弱化了原件和复制件的差别。技术不断进步，原件和复制件两者之间的差异越来越小。例如，最开始正版和盗版音乐作品在音质和音效上有天壤之别，到数字音乐时代原件多次复制不会对音质造成任何减损。3D打印技术更是很好地实现了数字世界和物理世界的连接。从高价出售3D打印凡·高画作可以看出，3D打印艺术作品也具有很高的市场价值，因此竞争性不言而喻。

第四，受众与作品非直接接触特征。该特征主要涉及异形复制情形。如前所述，3D打印和扫描技术能够精确还原对象本来面貌，无论是平面到立体还是立体到平面。学界和司法界对照片是否构成“复制”行为未达成一致观点，其中照片具有“独创性”构成新作品是争议所在。[4]3D打印技术则不存在此种争议，通过3D扫描技术和3D打印机直接打印得到相应的CAD

---

[1] 冯晓青，付继存. 著作权法中的复制权研究［J］. 法学家，2011（3）：101.

[2] 杜牧真，李仁玉. 未经许可创作的演绎作品著作权保护探析［J］. 知识产权，2018（12）：68.

[3] 吕炳斌. 实用艺术作品可版权性的理论逻辑［J］. 比较法研究，2014（3）：70.

[4] 于晓白. 陈列在室外公共场所的艺术作品的合理使用［J］. 人民司法，2005（5）：101.

文档和打印对象，因为忠实还原“原件”且绝大多数行为借助机器完成而不具有独创性。例如，3D扫描仪可以精确制作复杂手工艺作品的CAD文档并批量打印。有鉴于此，3D打印技术能够最大限度实现原件与复制件的无缝衔接，其中艺术作品功能——纯粹的审美❶在复制件中也得到了很好的体现。综上所述，3D打印艺术作品属于版权法意义上的复制。

（三）3D打印科学作品构成有条件的复制

版权保护文学、艺术和科学作品，但并没有对三种作品类型给定明确统一的划分标准。从作品创作目的和功能角度出发，《著作权与邻接权法律术语汇编》将科学作品解释为“站在科学立场解决问题的作品”❷，如各种工具书。运用该划分标准，建筑作品、图形作品属于科学作品之列，具有科学之美。我国现行《著作权法》扩张了建筑作品的内容，在保护建筑物和构筑物的基础上，涵盖建筑设计草图和模型，认可建筑作品平面到立体的复制；图形作品中工程设计图的专业性强且施工难度大，现实中关于复制并无太大争议。有鉴于此，3D打印背景下科学作品复制问题主要以产品设计图为研究对象。

不同于艺术作品，产品设计图本身属于版权客体并不意味着相应产品也属于版权客体，❸ 现实情况是绝大多数产品不属于版权客体。如果严格按照著作权法意义上复制外延要求，原件

---

❶ 李琛．论作品定义的立法表述［J］．华东政法大学学报，2015（2）：15．

❷ 世界知识产权组织．著作权与邻接权法律术语汇编［M］．刘林波，译，北京：北京大学出版社，2007：231．

❸ 瞿昊晖．论3D打印产品设计图作品的使用者利益——以美国判例为启示［J］．中南大学学报（社会科学版），2015（5）：66．

和复制件都属于作品[1]，那么根据产品设计图“打印”产品不属于复制行为[2]。此外，产品设计图本身也有限制性，作品目的为“生产”必然更多考虑实用性，智力投入所要求的个人选择和判断相对较少，保护强度相对较低；加之著作权法保护图形作品点、线、面构成的几何图形所体现的和谐、严谨、对称以及简洁的科学之美[3]，其表达仅限于图形之中不延及物理产品。因此，著作权法没有将根据产品设计图制造产品的行为纳入复制。

3D打印技术的普及将会给这一法律模糊之处带来挑战。首先表现在消费者身份转换带来的挑战，通常人们会选择购买而不是自己制造产品：一方面，产品设计图并不能轻易获得；另一方面，即使合法获得产品设计图，只有具有生产实力的用户才能突破技术限制进行产品制造。3D扫描和3D打印完美地解决了这两个问题，普通用户都能实现根据产品设计图进行产品打印。其次是3D打印技术带来生产模式的转变，用户创新或开放协作创新加速作品传播，拓宽产品生产渠道，将产品设计图与相应产品之间的差距缩减到最小，人工制作产品出现的误差3D打印技术几乎可以完全弥补，当技术发展成熟到一定阶段，产品设计图甚至可与产品画等号。正如有学者认为虽然平面到立体不能实现功能替代性，但为避免反激励效果，出于政策考

---

[1] 焦和平．“异体复制”的定性与复制权规定的完善［J］．法律科学（西北政法大学学报），2014（4）：120.

[2] 欧阳福生．对产品设计图立体复制不构成著作权侵权［N］．中国商报，2018－12－06（A04）．

[3] 王迁．著作权法［M］．北京：中国人民大学出版社，2015：112.

虑，可将此平面到立体的转化视为“准复制”行为。[1] 在此基础之上，作为产品设计图的 CAD 文档成为消费者打印 3D 打印的必需品，改变了产品设计图在法律和经济上的地位[2]，有必要重新审视根据产品设计图“制造”产品是否属于平面到立体的复制。作为制造产品的前置步骤，产品设计图的经济价值体现在最终产品上，即产品设计图作者必须具备一定程度的专业技术知识并且依据该产品设计图制造的产品具有市场价值才产生著作权保护意义。最后是 3D 打印技术进一步促进了产品设计图和相应产品成为价值共同体，甚至可以认为，两者是同一作品的不同表现形式。[3] 在可预见的将来，人们会从购买产品转向购买产品设计图。有鉴于此，在 3D 打印技术背景下，依据产品设计图打印产品的行为属于著作权法意义上的复制。

二、改　编　权

（一）改编行为认定标准梳理

改编权同复制权一样，都是重要的著作财产权，复制权在表现形式上并不要求“逐字”还原在先作品，因此两种著作财产权侵权认定方法相同，即“接触 + 实质性相似”标准，两种

---

[1] 冯晓青，付继存．著作权法中的复制权研究［J］．法学家，2011（3）：102.

[2] 刘强．产品设计图著作权保护研究——以 3D 打印为视角［J］．重庆理工大学（社会科学），2014（7）：66.

[3] 刘强．产品设计图著作权保护研究——以 3D 打印为视角［J］．重庆理工大学（社会科学），2014（7）：67.

著作财产权的区别在于对在先作品使用行为和使用程度不同，作品改动行为若只是对在先作品非实质性使用，属于复制而不是版权意义上的“改编”行为。改编权也不同于著作人身权中的“保护作品完整权”和“修改权”，除了明显不同的权利存续期间，在涉及作品“改动”方面，“保护作品完整权”旨在维护作品不受“歪曲、篡改”的精神权利，而“修改权”旨在维护作品与作者人格的一致性，即作品表达效果符合作者的思想情感。❶

同样都是对作品进行改动，改编权更注重“对在先作品未经授权的改编给著作权人作品衍生市场带来的财产性利益”。❷3D打印背景下，版权作品CAD文档极易修改。根据我国现行《著作权法》第10条对改编权的规定，无法从作品保护范畴和行为范畴对构成侵权作出准确判定。虽然现行《著作权法》明确规定改编之后的作品必须具有独创性，但作品改编行为本身是否需要认定为派生创作行为尚存争议。

有学者从反证的角度出发，认为著作权法语境下的“改编权”要求作品改动行为属性需要具有独创性。❸我国现行著作权法对此并无详细规定，但1991年的《著作权法实施条例》和第三次《著作权法（修改草案送审稿）》有关规定表明，从改编效果上实现“表现形式”和“用途”的改变，从改编形式上实

❶ 李琛. 被误读的“修改权”[J]. 中国专利与商标，2004（3）：69-79.

❷ 李扬. 改编权的保护范围与侵权认定问题：一种二元解释方法的适用性阐释[J]. 比较法研究，2008（1）：63.

❸ 李扬. 改编权的保护范围与侵权认定问题：一种二元解释方法的适用性阐释[J]. 比较法研究，2008（1）：65.

现“体裁”和“种类”的改变。我国司法实践表明，“独创性”取决于演绎作品中所保留的在先作品独创性结构和内容在品质和数量上所占的比例，即“实质性相似”判断。[1] 相较于整体数量较大的版权侵权案件，改编权纠纷所占比例甚微[2]，其中又以文学作品、影视作品等艺术类作品居多，科学作品或应用型作品相关改编权侵权纠纷更加少见。在常见“实质性相似”判定标准三个方法之外，有学者提出以“行为—作品”二元论为基础，将传统三步检验法修正为“来源事实认定（证据性相似）、对接层分析（可归同的综合性表达）进而做出侵权价值判断”。[3]

（二）3D打印作品改编行为认定

以作品产品设计图为例，分析3D打印背景下功能型作品改编行为适用判定标准，有利于准确区分“改编”与“剽窃”行为。3D打印产品设计图表现形式为线条、色彩等相关要素集合，目的在于产品制造，属性为设计图案。与艺术类作品不同，产品设计图体现科学之美，其独创性体现在线条、色彩等要素构成的组合，无论采取何种“改编”行为认定标准，其实质性相似部分都是对版权内容的认定。我国司法实践在进行相关判

---

[1] 陈锦川．著作权审判：原理解读与实务指导［M］．北京：法律出版社，2014：59.

[2] 张玲玲，张传磊．改编权相关问题及其侵权判定方法［J］．知识产权，2015（8）：32－35.

[3] 李扬．改编权的保护范围与侵权认定问题：一种二元解释方法的适用性阐释［J］．比较法研究，2008（1）：70－75.

定时存在分歧，表现为在认定方法上各有侧重。在上海华严文化艺术公司诉上海沪剧院侵害作品改编权纠纷案中，法院根据三步检验法“抽象—过滤—比较”来判定前后两部作品是否构成“实质性相似”，在第三阶段“比较”过程中，主要检测可版权保护部分在表达方面的相似性以及所占作品的比例。[1] 在琼瑶诉于正改编权纠纷案中，法院对三步检验法作出了相应调整，没有遵循“抽象—过滤—比较”这一顺序，而是首先对前后两部作品整体进行比较，确认包括但不限于版权部分的相似性；然后从确认的相似性部分找出可版权保护的部分，最后反过来将相似的版权部分与在先作品进行比较，如果构成在先作品基本版权内容则属于版权侵权改编。[2] 在后一个案例中，法院没有考虑构成相似的部分在前后两部作品中所占的比重，而是以相似部分是否构成在先作品基础内容为侵权判断依据，同时对于演绎后作品中独创性部分所占比重没有要求，只要具有版权保护要求的最低独创性即可。[3]

对比两个案例，其不同之处在于对三步检验法使用时各有侧重。第二个案例是在两步检验基础上对三步检验法的变通应用，不同于先前案例只看重受版权保护部分的相似性比较，还结合不属于版权保护范畴的主题、情感以及受众对作品的欣赏体验等因素，将两部作品进行整体对比作出综合判断。构成可

---

[1] 上海市第一中级人民法院（2012）沪一中民五（知）终字第112号民事判决书。

[2] 北京市第三中级人民法院（2014）三中民初字第07916号民事判决书。

[3] 张玲玲，张传磊．改编权相关问题及其侵权判定方法［J］．知识产权，2015（8）：33．

版权表达的部分固然重要，但作品是由多个单独元素共同构成，相互印证，正如剽窃有高低之分，改编也分水平高低，孤立看待语句、人物关系、剧情等因素是否相似是低水平改编的判断。真正存在区分难度的是高水平改编行为，第二个案例对传统检验方法的灵活调整表明法院进行“实质性相似”判断时考虑到“事实认定”和“价值判断”两个方面。“事实认定”对应“接触”原则，解决前后两部作品是否具有“参照来源关系”问题；“价值判断”对应“实质性相似”认定，解决演绎作品是否对在先作品构成“不当挪用”问题。对于“接触”和“实质性相似”判断先后顺序以及两者能否合并为只进行“实质性相似”判断[1]一直存在争议，我国司法实践出于程序正义考虑，采用两步骤同时进行原则[2]，学术界大多数观点也支持两个判断步骤缺一不可[3]。诚然，两部作品具有“实质性相似”能够为“接触”行为提供一定程度的证明，网络传播技术多样、传播效率不断优化从路径上也为“接触”行为提供了极大的可能性。但法律责任的承担需要证据支撑，同时也有很多事实证明不需要“接触”也能够创作出具有“相似性”的作品，著作权二分法基本原则保护“表达”而不保护“思想”，加之相似性也有程度高低之分，针对同一题材创作出相似作品也就不足为奇。有

---

[1] Arnstein v. Porter, 154 F. 2d 464 (2d Cir. 1946).

[2] 张玲玲，张传磊. 改编权相关问题及其侵权判定方法［J］. 知识产权，2015 (8)：34.

[3] Alan Latman. “Probative Similarity” as Proof of Copying：Toward Dispelling Some Myths in Copyright Infringement［J］. Colum. L. Rev., 1990, 83 (90)：1190－1206. 李扬. 改编权的保护范围与侵权认定问题：一种二元解释方法的适用性阐释［J］. 比较法研究，2008 (1)：72.

鉴于此，以“接触+实质性判断”为指导原则，以三步检验法为基本方法，在事实层面证明“参照来源关系”，在价值判断层面证明“版权内容构成不当挪用”。基本步骤为首先进行事实认定，用证据证明前后两部作品是否构成“参照来源关系”；其次对前后两部作品从整体上进行“相似性”判断，判断依据为“思想与表达二分法”，同时对“独创性”进行有无而不是高低判断；最后在第二步基础之上，对“实质性相似”作出价值判断，当前后的两部作品“相似性”部分属于在先作品“基本内容”时构成改编行为。

具体到3D打印功能型作品在适用调整后的三步骤检验方法时，可以“产品设计图”[1] 版权作品为例进行分析。第一，前后产品设计图“来源事实认定”，从举证责任出发，由在先作品权利人举证在后作品权利人存在“接触”行为，同时还需要对前后作品整体相似性作出证明。其中“接触”行为需要直接或间接证据证明，不能由推测完成[2]，直接证明存在“接触”行为相对容易判断，例如，在后作品权利人浏览在先作品记录，或者在后作品权利人对在先作品进行相关评论的文章等。认定过程中争议在于间接证明“接触”行为，即前后作品整体相似性达到何种程度足以推断作品是否“接触”。正如琼瑶诉于正案侵权改编判断过程中采用“相关受众观赏体验相似度调查”方法，

---

[1] 刘强．产品设计图著作权保护研究——以3D打印为视角［J］．重庆理工大学学报（社会科学版），2014（7）：64.

[2] 李明德．美国知识产权法［M］．北京：法律出版社，2014：357－358.

以调查受众对两部作品是否相似的直观感受为参考依据[1]，可以结合专家证言或者是具有专业资质鉴定机构出具的鉴定意见，不具有专业知识的普通消费者无法辨识产品设计是功能性需要还是审美性考虑，此时需要借助专业人员帮助。有学者提出前后两部作品之间构成显著性相似即可判断存在“接触”行为，证明两部作品之间存在事实上的参照关系。[2] 需要注意的是，此处进行“相似性”判断不涉及价值，而是纯粹事实判断，换言之，不需要关注相似部分是否可版权，物理上相似即可。

第二，以第一步事实判断为基础，将两部作品中相似性部分借助“思想与表达二分法”作进一步划分。根据“独创性”有无认定版权作品资格，同时还需要明确作品的版权保护范围。该步骤需要进行的判断是最困难也是具有决定性的部分，因为“思想与表达二分法”属于价值判断范畴，但无法向人们提出明确的客观判断标准[3]。目前司法实践中最广泛承认的非版权保护内容属于 1976 年《美国版权法》第 102 条规定事项[4]，在此基础之上我国增加了三种非版权保护对象，即政府类文件、时事新闻和通用计算工具。排除非版权保护客体，为第三步进行“实质性相似”价值判断作好铺垫。同时，对于属于版权保护主题内容进行相似性判断时是对其整体进行比较，而不是单个元

---

[1] 北京市高级人民法院（2015）高民（知）终字 1039 号民事判决书。

[2] 李扬．改编权的保护范围与侵权认定问题：一种二元解释方法的适用性阐释［J］．比较法研究，2008（1）：72.

[3] 熊文聪．被误读的“思想/表达二分法”——以法律修辞学为视角的考察［J］．现代法学，2012（6）：171－177.

[4] 17 U. S. C. § 102（b）.

素拆分。前后两部作品中属于版权保护部分作为整体具有可归同性时，才能进行第三步判断。

第三，依靠第二部分对前后两部作品作出版权内容综合相似性判断，结合版权具体保护范围，针对不同类型的作品，采用有针对性的方法进行相似性价值判断，即确定前后两部作品构成相似的部分，是否属于在先作品“基础内容”，而不需要考察其在第二部作品中所占比例。价值判断更多是需要主观上运用整体比对方法[1]，客观上结合分层解析方法[2]，主客观相结合才能作出准确判断。首先，“整体比对方法”在受众的选择上具有特定性，依据作品类型进行相应选择。有学者根据“独创性”低中高三个水平以及是否涉及应用性依次将相应受众设定为“指定受众、稍具辨别能力受众和一般理性人受众”。[3] 虽然该观点中“独创性”高低并没有具体判断标准，并且作品资格是根据“独创性”有无进行认定。[4] 但该观点在一定程度上反映出大众选择标准，即根据作品是否具有专业性或者涉及技术功能型要素的程度，被选择的受众在其知识范围内能够对作品具有基础性认知能力，能够进行相似性判断。其次，分层解析方法也要严格遵守法“不计琐细原则”[5]，在对版权表达内容相似性数

---

[1] 北京市高级人民法院（2015）高民（知）终字1039号民事判决书。

[2] 北京市第二中级人民法院（2008）二中民终字第2232号判决。

[3] Shyamkrishna Balganesh. The Normativity of Copyright in Copyright Law [J]. Duke Law Journal, 2012, 203 (62): 230.

[4] Gideon Parchomovsky. Alex Stein: “ORIGINALITY” [J]. Virginia Law Review, 2009, 9 (17): 1505 - 1550.

[5] 张广良.“不计琐细原则”在侵犯著作权案件中的适用研究 [J]. 法学家，2008 (4): 89.

量进行判断时，避免过分追究微不足道的细节，同时对于构成相似性表达所占比重或者对于整部作品的重要性具有一定分量，才能成为实质性相似价值判断的肯定条件之一。

3D 打印技术背景下，相关作品大多涉及实用型或技术型作品，在适用上述调整之后的三步检验法时，将作品所涉类型、体裁等不同特征决定但彼此无关联的外在表达过滤，按步骤进行改编权版权侵权判定。

三、信息网络传播权

（一）CAD 文档作品网络传播不属于发行行为

根据我国现行《著作权法》规定，行为人未经作者许可，擅自将作品上传到网络供其他人下载，属于侵犯版权人发行权或者信息网络传播权的直接侵权行为。之所以会出现两种权利内容交叉，原因在于我国著作权法没有明确界定“发行权”中传播的作品原件及复制件是否为有形载体，同时信息网络传播权明确保护对象为数字作品，因此两者在保护无形载体作品对象上存在交叉。从比较研究的角度，运用体系解释方法，立足司法实践案例，可以得出在我国著作权法体系内，发行权保护的客体为有形载体的版权作品的结论。CAD 文档属于数字作品，因此行为人未经作者许可擅自将 CAD 文档作品上传至网络供他人下载，属于侵犯作者信息网络传播权的侵权行为。

目前国际上针对作品网络传播行为分为两种保护模式：以

欧盟为代表的区别保护和以美国为代表的扩大保护。[1] 申言之，欧盟在其《版权指令》中同时规定了发行权和向公众传播权，分别针对有形载体作品和无形载体作品的传播行为提供保护，其中明确规定了载体类型。[2] 而美国版权法不区分作品载体类型，对作品传播一律认定为发行行为，即发行权适用于保护所有作品的传播行为。[3] 显然美国版权法更加侧重保护版权人的利益，这与利益集团之间的博弈有关，尤其是美国数字音乐利益集团。从我国著作权法条规定来看，对于保护“向公众提供作品”的行为陷入了混乱模式，既采取同时设立“发行权”和“信息网络传播权”，又没有明确界定发行权保护作品的载体类型，导致两种权利之间存在交叉，引起很大争议。针对网络传播行为是否构成著作权法意义上的“发行行为”，赞同者认为传播媒介不重要，无论是实体店还是网络平台，只要将作品置于可供公众获取平台的行为就构成“发行”[4]；否定者以发行作品载体必须“有形”或者“有形载体所有权转移”为理由认为数字作品网络传播不属于发行行为[5]。从立法技术上看，我国著作权法体系对“发行权”和“信息网络传播权”规定与欧盟对“发行权”和“向公众传播权”类似，都是对网络传播作

---

[1] 焦和平. 发行权规定的现存问题与改进建议——兼评《著作权法（修订草案送审稿）》相关规定［J］. 交大法学，2015（1）：35-36.

[2] Copyright Directive（2001/29/EC）Recitals para 28-29.

[3] U. S. C. 106. Playboy Enterprises Inc. v. Frena, 839F. Supp. 1552（M. D. Fla. 1993）.

[4] 焦和平. 发行权规定的现存问题与改进兼评《著作权法（修订草案送审稿）》相关规定［J］. 交大法学，2015（1）：38.

[5] 王迁. 著作权法学［M］. 北京：北京大学出版社，2007：112-113.

品行为设置独立权利进行调整，同时“信息网络传播权”国际法律渊源来自欧盟版权指令规定的“向公众传播权”，因此有学者认为既然采取相同立法模式，那么欧盟明确规定“发行权适用有形载体承载的作品”，我国当然也同样适用。[1]

在上述学者分析的基础上，可以使用体系解释方法来论述数字作品传播不属于发行行为。根据发行权定义，其着重强调向公众提供作品原件或者复制件，没有规定提供方式，因此可以认为包含所有方式。在信息网络传播权的定义中，强调以有线或者无线的方式向公众提供作品。由此看来，在现行著作权法体系内，发行权与信息网络传播权是包含关系，既然发行行为可以完全吸收信息网络传播行为，那么信息网络传播权的设立也就失去了意义。此时，将发行权保护对象明确界定为“有形载体作品”，既能够保证两个权项之间的独立性，又使著作权法体系具有协调性。有鉴于此，CAD文档网络传播不属于发行行为。

（二）图形作品作为信息网络传播权保护对象的特殊性分析

比较分析信息网络传播权相关案例可知，其权利保护对象通常表现为视频类作品，如数字音乐、电影、短视频等类似给用户带来精神享受的作品，也可以称之艺术类作品。不同于艺术类作品整体受版权保护，实用艺术作品需要进行“可分离性”

---

[1] 王迁．论网络环境中的“首次销售原则”［J］．法学杂志，2006（5）：119．

判断来确定版权保护内容，旨在传播CAD文档设计实用性部分的用户，也会因为在网络传播整个作品而侵犯作者的信息网络传播权。因此，在3D打印背景下，可能会出现未经作者许可网络传播CAD文档却并不侵害作者著作财产权的情形。同时，个人3D打印层面图形作品类型中常见的为产品设计图，而产品设计图创作目的在于制作产品，用户获得产品设计图，是否需要实际打印才算真正使用作品？3D打印技术出现之前，消费者个人几乎不能根据产品设计图制造产品，产品设计图纠纷往往集中在企业间不正当竞争、商业秘密等领域。3D打印技术出现之后，个人制造成为可能并逐渐盛行，下载CAD文档打印产品的行为越来越普遍，同时意味着CAD文档在网络上的传播将相应增加。

根据著作权侵权案例司法实践可知，侵犯著作专有权属于“行为犯”，即只要行为人实施侵犯版权专有权的行为，无论行为结果如何都构成版权侵权。对于实用艺术作品，即使行为人传播作品的目的在于提供实用性部分供用户下载打印，实施“修理—重建”工作，但行为人未经版权人许可传播作品的行为仍然构成侵犯信息网络传播权。至于产品设计图情况比较特殊，就其本身价值而言在于“制造”，3D打印技术提升了产品设计图在版权法中的地位[1]，因此产品设计图的传播行为需要重新定义。我国《著作权法》对产品设计图没有详细定义，仅明确了产品设计图创建目的：为施工、生产绘制。根据创作目的可知，

---

[1] 刘强．产品设计图著作权保护研究——以3D打印为视角［J］．重庆理工大学学报（社会科学），2014（7）：66．

产品设计图着重强调实际生产而不是其他作品所承载的精神享受。在这一前提下，产品设计图与版权体系内的其他作品存在显著差异，表现为作品的使用能力或者作品价值的实现程度。以用户最常接触的音乐作品为例，只要具备听力能力的用户就可以使用音乐作品，而产品设计图并不是普通个体能够轻易实现作品价值，3D 打印技术的出现正好解决了个体对产品设计图作品的使用能力。当产品设计图对于普通消费者而言不再可望而不可即时，它与版权体系内的其他作品在传播上的差异也应该被缩小。因此回答前述问题，未经作者授权传播产品设计图 CAD 文档，无论该产品设计图是否被实际打印，都构成侵犯作者信息网络传播权的行为。

本章小结

通过从主观过错、侵害行为到损害结果，以及侵害行为与损害结果之间的因果关系为分析思路，梳理个人 3D 打印在版权侵权构成要件中的特殊性。在主观过错认定方面，立足版权损害赔偿普遍偏低，以及 3D 打印版权侵权纠纷绝大多数以“通知—删除”为最终解决方案的事实，从法的预防功能角度出发，得出个人 3D 打印版权侵权主观要件方面采取过错归责原则。侵权行为则分成制作、上传和分享 CAD 文档三种类型，在满足主观构成要件的情况下，侵害的权利内容包括复制权、改编权和信息网络传播权。其特殊之处在于，CAD 文档根据内容确定作品类型，当其属于实用艺术类、图形类作品时，在复制、改编和信息网络传播方面存在特殊之处，此时需要对作品进行分离性测试，对受版权保护部分进行侵权内容分析；当3D 打印 CAD 文档属于图形类作品时，可以类比艺术作品适用权利内容分析。

第四章　3D打印版权的合理使用与特殊情形

前文论述了消费者3D打印版权侵权中版权客体、权利主体、侵权内容等方面的问题。有侵权就有例外，正确界定合理使用边界对促进个人3D打印发展具有重要意义。在3D打印版权的合理使用与特殊情形方面，首先分析现行合理使用制度框架存在的问题；其次针对3D打印中作品使用情形进行类型化分析，摒弃单一的“商业化”使用标准，尝试采取转换性使用判断方法；最后在现行著作权法体系下探索适合个人3D打印版权合理使用的判断标准。

第一节　数字网络环境下合理使用制度梳理

一、合理使用制度实施现状分析

合理使用制度被称为“侵权例外”，顾名思义，其有侵权之实，但不承担侵权之责。[1]为避免滥用侵权豁免，合理使用设置了较为严格的限制条件，同时随着技术发展，合理使用规则也相应有所调整。[2]合理使用制度是由判例法逐渐演变为成文法规定，是在传统环境下逐渐成熟的制度规则，当数字网络技术出现并迅速普及时，在新技术不断涌现的情况下，数字网络中的合理使用制度受到冲击。

3D打印技术出现之前，数字技术已经给传统作品带来一系列变化：创作方式更加多元、传播途径增加且传播速度极快、作品保护方式多样以及作品管理更加完善。[3]详言之，在数字技术作用下，人们可以突破传统创作方式，使用数字软件创作数字作品：首先，数字技术可以显著减小作品体积，通过硬盘或

---

[1] 易磊. 对我国当前合理使用修改的思考——以德国“合理使用”为视角［J］. 电子知识产权，2019（2）：5.

[2] 卢海君. 论合理使用制度的立法模式［J］. 法商研究，2007（3）：28；张成果. 解读“三步检验法”与“合理使用”——《著作权法（修订送审稿）》第43条研究［J］. 环球法律评论，2016（5）：18.

[3] 卫绪华. 数字技术环境下著作权法公有领域的发展［J］. 学术论坛，2013（6）：125－126.

USB 设备都可以无质量损耗传播；其次，在保护方式上，根据数字作品传播特点增加权利保护内容，如数字作品网络传播权；最后，数字作品便于携带，易于传播，作品管理难度大大增加。[1] 3D 打印制作 CAD 文档就是借助数字技术完成的，但 3D 打印数字文档作品与一般数字作品也存在差异。CAD 文档生成方式可以概括为作品数字化和数字化创作：作品数字化是指利用数字技术将作品物理件经由计算机系统，演变转化为相应的二进制数字代码，通常所谓的数字作品其实是指“作品数字化之后呈现的作品”。数字化创作则是指利用数字技术进行作品创作，虽然数字技术种类不同，但从创作方式上看大同小异。CAD 文档数字作品与一般数字作品差异在于其实用性。一方面，CAD 文档的著作权客体类型，符合实用艺术作品要件，但 CAD 文档本身的艺术性和实用性很难明确区分；另一方面，CAD 文档制作目的绝大多数是打印，即制作 CAD 文档只是过程，最终目的在于打印物理对象。

互联网背景下，一般数字作品在作品使用和控制上给传统版权带来挑战，主要通过合同约束和技术措施等方法来解决，在现有利益平衡体系内，3D 打印 CAD 文档将提出更大难题。详言之，单个用户购买数字作品之后仅享有一次使用权，后续使用需要另外付费，CAD 文档一次使用可以完全供给后续使用，相应技术措施就会更严格，一定程度上阻碍了行为人行使合理

[1] 姜福晓. 数字网络技术背景下著作权法的困境与出路 [D]. 北京：对外经济贸易大学，2014.

使用权利。[1] 另外，版权法早于网络技术发展，传统意义上复制、发行以及传播等行为随着网络技术多样化出现扩张，侵权认定存在争议。最后，3D打印技术结合数字网络，挤压合理使用制度运用空间。[2] 申言之，网络技术发展之前，人们在合理使用制度框架下使用作品比较常见，但P2P技术和互联网的结合造成合理使用范围极大缩小，尤其是在一系列案件认定未经许可利用P2P软件上传或者下载他人作品构成侵权之后。[3] 版权法也因为网络技术和其他新兴技术发展而从调整小部分人的行为，扩展到调整大众行为。[4] 加上版权人权利扩张使合理使用制度空间进一步被挤压。

3D打印CAD文档数字作品，在网络迅速发展时期既享受快捷无质量损耗传播、交易成本极大降低等利好，同时也面临海量盗版现象。数字网络建立之初秉承开放共享理念，意在最大化实现公共利益。合理使用制度作为版权人与大众之间利益平衡的工具，寄托了个体合法使用作品的愿望，尤其是合理使用判断条件之一“为个人目的非营利性使用”，造成一种个人自由使用作品的错觉。[5] 另外，传播效率至上的互联网给作品交易方

---

[1] 杨建学. 合理使用制度在网络环境下的困惑和出路［J］. 河北法学，2008（4）：138.

[2] 袁博. 论3D打印的侵权风险及对合理使用制度的影响［N］. 人民法院报，2014-08-13（007）.

[3] 吕凯，张永胜，网络环境下数字音乐传播收费问题研究［J］. 天津大学学报（社会科学版），2017（1）：66-70.

[4] 熊琦. “用户创造内容”与作品转换性使用认定［J］. 法学评论，2017（3）：65.

[5] 刘岩. 从互联网时代看著作权的合理使用［J］. 东南大学学报（哲学社会科学版），2018（2）：54-55.

式带来极大变化，最为显著之处当数交易成本被极大降低。于是有学者认为，当前合理使用制度的前提是市场失灵，网络技术催生的电子交易系统完全有消除作品交易过程中许可设定成本的能力，如果上述能力得以实现，合理使用制度范围可能会因此变窄。[1] 由此打破权利人与使用人之间的利益平衡，造成公共区域减少限制新作品创作来源等危害。

在 3D 打印产业，CAD 数字文档传播便利是技术发展的关键步骤之一。若设置严格技术措施减少公共领域范围不利于 CAD 文档流通，若不加限制扩大合理使用范围又会损害权利人利益，如何把握合理使用界限需要根据数字网络环境具体分析。正如数字音乐领域，在网络和 P2P 技术结合下，人们可以轻易获得数字音乐文档，但即使人们出于私人欣赏之目的下载也构成侵权，不属于合理使用行为。[2] 个人制造 3D 打印市场的受众范围广，作为产品设计图的 CAD 文档具有一定程度的专业性要求，一般消费者无法通过扫描或者自己创作获取，被架空的合理使用制度间接阻碍 3D 打印应用扩展，同时根据现有 CAD 文档进行相关演绎也变得越来越困难。我国合理使用制度立法与司法层面的混乱也是造成该制度适用模糊的原因之一，表现为版权法体系内合理使用是移植《伯尔尼公约》中的相关制度，立法技术上采穷尽式列举。[3] 司法实践中法官却援引英美法系判例法

---

[1] Robert P Merges. Intellectual Property Rights and Bargaining Breakdown: The case of blocking patents [J]. Tennessee Law Review, 1994, 12 (10): 130.

[2] A&M Records Inc. v. Napster, Inc, 239F. 3d 1004, 9th Cir. 2001.

[3] 熊琦. 著作权合理使用司法认定标准释疑 [J]. 法学, 2018 (1): 184-187.

的合理使用判断标准，以致出现立法采“三步检验法”，司法实践中则更多应用“四要件判定标准”，无法提供稳定的合理使用预期。

二、合理使用制度具体应用

承上所述，我国当前合理使用判定标准在立法和司法层面上是混乱的，同时在司法实践中也是各自为政，既有随意使用四要件判定标准又有无视三要件适用顺序等情况，无法为公众提供统一标准，对裁判作出稳定预期。在此背景下，我国合理使用判定标准主要存在三种类型：一是以三步检验法为基础对权利例外与限制进行解释；二是用概念替换方法引入四要件判定标准；三是拿来主义，直接援引国外法官造法产物。[1] 从法的渊源上看，我国版权合理使用制度移植《伯尔尼公约》相关规定；从立法技术上看，我国版权合理使用制度采穷尽式列举加上两条一般条款，客观形式上符合三步检验法。因此将三步检验法作为合理使用判定标准才符合我国著作权法律体系。

按照三步检验法步骤，我国第三次修正并颁布实施的《著作权法》规定的十二种具体行为对应“特定且特殊”情形，最后一条属于兜底性条款，使合理使用由封闭式转向开放式立法，那么其涵盖的合理使用行为类型势必会增加。开放式立法更加符合当前技术不断变化、作品使用行为多样的数字化网络环境。

---

[1] 熊琦. 著作权合理使用司法认定标准释疑［J］. 法学，2018（1）：184－185.

兜底性条款在一定程度上为法官自由裁量提供了合法性依据。但两个一般性限定要件并没有作出更具体的解释，诸如“特定且特殊”、“作品正常使用”以及“不合理损害”等词语，仍然具有模糊性，会产生歧义。现行《著作权法》增加兜底条款“其他情形”这一规定，仍然需要进行明确细化的判定标准，才能够达到指引性效果，让法官在自由裁量权的范围内作出裁判。

探索“其他情形”具体适用条件以便最大限度发挥法的指引作用固然重要，但结合当前网络环境，解决技术发展给版权合理使用带来的难题更为急迫。我国当前司法实践中常用判定标准为“转换性使用”[1]。作为成文法国家，“转换性使用”是否符合三步检验法体系？转换性使用是美国法官在《美国版权法》第 107 条规定合理使用判定要件的基础之上，根据案例演化而成的新判定标准。虽然一直以来争议比较大，但并不妨碍该判定标准在司法实践中大量使用。原因在于，转换性使用突破以往商业与非商业性使用判定，关注二次使用是否属于“新的”或者“增加价值”的创作，判断群体从创作人员转向作品受众，并且不再拘泥于作品使用比例等抽象性判断。[2] 这对于数字网络背景下传播技术不断进步，拼贴式和用户创作内容不断盛行的作品创作行为而言，具有积极的现实规制意义。美国司法实践总结转换性使用判定标准为“使用目的和方式”，虽然并

---

[1] Campbell v. Acuff – Rose Music, Inc. , 510 U. S. 569 (1994). 熊琦. 著作权转换性使用的本土法释义［J］. 法学家，2019 (2)：124.

[2] 熊琦. 著作权转换性使用的本土法释义［J］. 法学家，2019 (2)：124.

没有解决模糊性问题，但比之前四要件判定标准更具可操作性。[1] 我国司法实践也开始借鉴转换性使用判定标准，从最初接受四要件判定标准到案例中出现“转换性使用”文字，表明我国合理使用三步检验法可以涵盖“转换性使用”判断方法。

对于如何本土化“转换性使用”规则，学界有不同观点。有学者认为可以将“转换性使用”视为兜底条款[2]，正好与现行《著作权法》中的“其他情形”相吻合。言下之意是将“转换性使用”纳入版权体系。也有学者认为可以将“转换性使用”视作一种解释方法而不是具体制度，同时结合著作权法实施条例中两个一般性条款作为限制，区分合理使用与改编权界限，既维护版权激励机制，又能够适应当下数字网络拼贴式和用户创造内容等形式的作品创作，也不会破坏既有版权体系的完整性。[3] 第一种观点是出于《著作权法》（2020）颁布生效之前我国采封闭式列举立法模式，认为《著作权法》所列的十二项具体合理使用行为不能涵盖转换性使用。在我国近些年涉及“转换性使用”的著作权案例中，法官的一般做法是在合理使用前两种行为类型框架下进行相关解释，即作品使用出于“个人研究、介绍、评论或者说明某一问题”等目的[4]。现行《著作权法》增加兜底条款能够涵盖转换性使用出现的例外情形，在此

---

[1] Benjamin Moskowitz. Toward a Fair Use Standard Turns 25: How Salinger and Scientology Affected Transformative Use Today [J]. Fordham Intellectual Property, Media and Entertainment Law Journal, 2015, 25 (4): 1081－1085.

[2] 袁锋. 论新技术环境下“转换性使用”理论的发展 [J]. 知识产权，2017 (8): 56－57.

[3] 熊琦. 著作权转换性使用的本土法释义 [J]. 法学家，2019 (2): 132－134.

[4] （2011）一中民初字第1321号，（2015）沪知民终字第730号。

基础上，可以在三步检验法体系内，将转换性使用作为一种解释路径，立足十二种具体合理使用行为，结合两个一般性判定要件，作为合理使用统一判断标准。

第二节　3D 打印版权的合理使用标准探析

一、3D 打印作品使用目的和特点

承前所述，3D 打印相关作品包括 CAD 文档和打印对象，其中 CAD 文档客体类型根据文档内容认定，大多属于图形类作品。CAD 文档作为数字作品，在网络传播技术日趋成熟的环境下，作品使用方式多样且便于修改、易于传播，类似数字音乐文档，因此 3D 打印领域也会出现网络共享侵权现象。以奈普斯特案[1]为例，该程序创始人允许用户在不支付任何成本、不需要通过中间人的情况下使用奈普斯特直接交换音乐文档。CAD 文档共享更简单，不需要使用其他程序，通过 CAD 文档在线存储库即可获得，由此版权作品侵权门槛极大降低，明晰侵权与合理使用界限就显得十分必要。

合理使用是指无偿自由使用[2]，我国著作权法将其称为“权

---

[1] A&M Records Inc. v. Napster Inc，239F. 3d 1004（9th Cir. 2001）.

[2] 李琛. 论我国著作权法修订中“合理使用”的立法技术［J］. 知识产权，2013（1）：12.

利限制”，表明作品使用行为有侵权之实，但无须承担侵权之责。在判定作品使用行为是否构成合理使用时，作品的使用目的——商业性使用为首要判断因素。随着合理使用制度在司法实践中的不断运用，对于商业性使用从简单的“直接经济利益获取行为”逐渐解释为“对版权作品进行反复和剥削性复制，即使该复制件没有出售，也可能构成商业性使用”❶。在认定点对点文档共享是否构成合理使用时，法院对商业性使用进行扩大解释，主要表现在三个方面：直接获得经济利益、提供替代性方案或者无偿获取版权材料。❷ 但法院在扩大解释商业性使用的同时，减少了商业性目的对合理使用判断的影响。这在后来的坎贝尔案中得到印证，法官进一步强调“商业性使用”固然重要，但并不是判断合理使用的重要因素。❸ 这也是“转换性使用”规则的开始。CAD文档作为科学类作品，其实用性大于艺术性，大多数用户获得CAD文档目的在于打印物理产品满足实用要求。有学者对3D打印产业进行实证研究发现，3D打印主要集中在工业、医药、珠宝等体积小但价值高的产品以及家用电器等领域。❹ 其实用功能的重要性可见一斑，用户获取CAD文档进行相关打印大多数是为了实现使用功能。例如，3D打印茶杯盖、手机底座、运动鞋等，在一定程度上获取了经济利益。正如法

---

❶ A&M Records v. Napster Inc, 239F. 3d 1004 (9th Cir. 2001).

❷ Kyle Dolinsky. CAD's Cradle: Untangling Copyrightability, Derivative Works, and Fair Use in 3D Printing [J]. Washington and Law Review, 2014, 71 (1): 620 -621.

❸ Campbell v. Acuff - Rose Music, 510 U. S. 569, 584 (1994).

❹ The Current Status and Impact of 3D Printing Within the Industrial Sector: An Analysis of Six Case Studies [EB/OL]. (2015 -04 -29) [2018 -07 -12]. https: //papers. ssrn. com/sol3/papers. cfm? abstract_id =4095845.

官在奈普斯特案中所言，“用户以免费方式获取本应购买获得的数字音乐作品”。[1] 用户获取产品设计图 CAD 文档打印物理产品，在一定程度上获得了经济利益，转换性使用规则正好弱化商业使用目的，为 CAD 文档合理使用提供了值得探讨的空间。

数字作品作为无体物，可轻易利用各种技术软件进行演绎。CAD 文档也不例外，“锁定代码”[2] 很好地解释了这一现象。在计算机产业，权利人使用“锁定代码”阻止同行竞争者进入系统或硬件制造后续产品。与之类似，3D 打印产业使用“锁定代码”目的在于阻止他人未经授权“使用”不受版权保护的 CAD 文档。正如任意文档都可以包含非执行注释，用户可以利用这个特征在文档内插入任意创造性注释来添加可版权表达，即 3D 打印背景下创造性表达内容充当非版权保护对象的“锁定代码”。[3] 例如，在不受版权保护的实用对象设计 CAD 文档内加入创造性注释，或者在 3D 打印功能型对象上添加创造性图案，由此使整个对象构成实用艺术作品或艺术类作品受版权保护，进而达到阻止他人未经授权进行一系列侵权行为。虽然只有“锁定代码”部分受版权保护，但是用户想要获取整个文档，在不能选择性复制文档的情况下，“锁定代码”限制了公众获取文档

---

[1] 宋慧献. 美国知识产权法原理［M］. 北京：商务印书馆，2013：300.

[2] Julie E. Cohen. Reverse Engineering and The Rise of Electronic Vigilantism：Intellectual Property Implications of “Lock – Out” Programs［J］. Southern California Law Review，1995，68（2）：1091.

[3] Lucas S. Osborn. Intellectual Property Channeling for Digital Works［J］. Cardozo L. Rev.，2018，39（10）：1303 – 1323.

“实用性、非版权保护”部分。因此数字作品的CAD文档在不以“商业性使用”为合理使用判断前提下，作为拼贴式作品或者用户创造内容[1]，可以转换性使用规则作为判断标准。

二、转换性使用规则在3D打印中的运用

转换性使用规则判断核心为“使用目的与方式”，作品转换越彻底，其他合理使用判断因素重要性越弱。[2] 从文义解释角度出发，转换性使用作品结果是增加“新表达、新意义或新功能”。[3] 相当于放弃合理使用四要件中“商业性使用目的和作品使用比例”判断要素，其中对于作品是否增加“新表达、新意义或新功能”进行判断的主体为作品受众[4]。这为数字网络环境下大规模使用数字作品提供了合法基础。3D打印产业中，CAD文档易于修改，便于传播，在类似Thingiverse这样的网络平台上很容易访问并获取。同时消费者向“产销者”身份的转变，使全民创作、全民打印成为可能。如何在CAD文档大规模共享的情况下正确应用“转换性使用”这一解释路径，是促进3D打印产业快速发展的关键因素。

转换性使用主要有两种表现方式：作品内容转换和作品目

---

[1] Daniel Gervais. The Tangled Web of UGC：Making Copyright Sense of User – Generated Content［J］. Vand. J. Ent. & Tech. 2009，841（11）：842.

[2] 华劼. 合理使用制度运用于人工智能创作的两难及出路［J］. 电子知识产权，2019（4）：32.

[3] Campbell v. Acuff – Rose Music，Inc.，510 U. S. 569（1994），pp. 579 – 580.

[4] 熊琦. 著作权转换性使用的本土法释义［J］. 法学家，2019（2）：127.

的转换使用行为。作品内容转换主要指针对以批注、评论或二次创作方式利用作品的行为，新作品在内容上显著区别于原作。如坎贝尔案，在原先的音乐作品中加入戏仿元素生成的新作品，法院仅针对作品内容转变作出转换性使用判定，至于使用比例是否构成原作品“实质性”部分并未影响合理使用判定。[1] 这对于认定数字网络环境下拼贴式作品[2]构成合理使用具有积极意义。消费者层级3D打印技术成熟以来，作为产品设计图的CAD文档传播越来越广泛，人们利用用户友好型软件可以轻易修改CAD文档，按照自己的需求打印定制化产品。3D打印社区提供海量CAD文档设计，各大CAD文档存储平台同时提供用户友好型软件，拼贴式作品在3D打印技术推动下越来越普遍。拼贴程度，是转换性程度决定合理使用的关键所在。根据美国司法案例对转换性使用所作的解释，其中对转换性最为广义的解释为“更换作品颜色或者背景”仍然可以构成转换性使用。[3] 可见美国司法实践对于转换性使用在“内容转换”方面极其包容。

我国首例应用转换性使用规则判断合理使用的案例，就是针对拼贴创作行为，其中涉及将“黑猫警长”这一动画形象引用到新创作的电影宣传海报中，“黑猫警长”这一美术形象与其他元素一起构成新的作品。[4] 该案中，“黑猫警长”形象在新作品中并不是为了发挥美术作品欣赏目的，而是与海报中其他元

[1] 熊琦. 著作权转换性使用的本土法释义［J］. 法学家，2019（2）：129.

[2] Seltzer v. Green Day, Inc., 725F 3d（9th Cir. 2013）.

[3] Cariou v. Prince, 714 F. 3d 694,（2d Cir. 2013）, 706.

[4] 上海知识产权法院（2015）沪知民终字第730号。

素一起承担“说明某一问题”的作用，并且此种转换使用行为并没有影响“黑猫警长”作品的后续使用。由此说明，判断拼贴式作品是否构成合理使用，对新作品的表达、意义或者功能审查尤为重要。截取 CAD 文档片断重新组合成新的 CAD 文档，只要增加了新的表达、新的意义或者新的功能，同时不影响在先作品后续使用，并且没有不合理地损害版权人的合理利益，即使两个 CAD 文档打印相同功能的产品，也可以构成转换性使用。

作品目的转换行为也可以解释为作品功能性转换使用行为。[1] 其中争议最大的目的转换使用表现为“将整个原作品置于新作品中，但原作品使用目的发生改变”。其中原作品使用方式主要有以下几种：（1）按比例放大或者缩小原作品，以改变原作品如观赏目的的方式在新作品中使用放大或缩小作品。例如，在“黑猫警长”案例中，作品使用方在没有改变“黑猫警长”形象的情形下，在海报中缩小使用“黑猫警长”形象，目的在于向公众传达该影片所涉年代。（2）将原作品完整应用到新作品中，目的在于“解释、评价或者说明等”。在坎贝尔案中滑稽模仿作品就是此种目的转换使用行为。（3）利用原作品复制件为公众提供检索信息，但并不提供具体复制件的行为。典型表现为谷歌的数字图书馆，其中谷歌将作品复制件集合成数据库形式，在未经作者许可情形下使用作品完整复制件，但美国联邦最高法院认为谷歌此举目的在于为公众提供检索信息，属于

[1] 袁锋．论新技术环境下“转换性使用”理论的发展［J］．知识产权，2017（8）：43．

转换性使用。[1] 可见作品目的转换行为在之前合理使用判断基础上有所扩张，但其目的在于实现创作激励，使人们能够在原有作品基础之上创作更多新的作品。鉴于我国采三步检验法判断合理使用，因此在上述行为特征之下，还需考虑两个一般性判定要件。

上述两种转换性使用判断方法，以作品表达和使用目的为核心，本质上解决了数字技术环境下大规模作品分散使用行为侵权与否的难题。申言之，3D 打印目前主要以用户创造内容为 CAD 文档创建方式，用户通过 Thingiverse 等网络平台进行在线创作和作品传播。创作主体大多为业余爱好者，人数众多，职业各异。产品设计图 CAD 文档大多数是非专业人士创作，他们创作目的主要为自由表达和切磋共享。[2] 在首例 CAD 文档删除通知案例中，彭罗斯三角 CAD 文档作者的创建目的在于获得精神享受。[3] 创作方式主要表现为以现有版权作品为模板，或在现有 CAD 文档基础上进行修改，或者利用用户友好型软件自行设计，然后根据实际需要进行添附或删除，实现定制化目的。3D 打印社区规模不断壮大、数量不断增加，用户访问并获取 CAD 文档极为容易，进一步为 CAD 文档作品再利用提供便利。根据目前 3D 打印主要应用的领域，产品设计图 CAD 文档较为普遍。

---

[1] 华劼. 合理使用制度运用于人工智能创作的两难及出路 [J]. 电子知识产权，2019 (4)：33.

[2] 刘强，邵术恒. 3D 打印设计图著作权保护研究 [J]. 净月学刊，2015 (5)：107.

[3] Brian Rideout. Printing the Impossible Triangle：The Copyright Implications of Three - Dimensional Printing [J]. Business，Entrepreneurship & The Law，2011，11 (12)：162.

毕竟在可观赏性层面首选美术作品，三维立体设计图的科学之美多用于向公众展示产品结构、框架模型。CAD文档最终多用于打印物理产品，物理产品以实用功能居多。例如，用户将《权利的游戏》中铁王座造型修改成手机底座，既表达了对该剧的喜爱，又发挥其实用功能，但遗憾的是，在《权利的游戏》制片方发出删除通知情况下作者被迫下架该文档。[1] 当前CAD文档模板提供方与创建者市场地位悬殊，正如前文所述"复制欺诈"（Copyfraud）的现象。[2] 只要模板提供方发出删除通知，网络服务提供者为避免承担责任通常选择接受通知删除文档。有鉴于此，以铁王座为例，以转换性使用为指导规则，分析此种作品使用方式是否属于合理使用。

铁王座是《权力的游戏》中的君王座椅，是"权力"的象征。Sosa以铁王座为原型，以手机软件为技术支撑，制作铁王座CAD文档并上传至网络出售。[3] 从外形上看，除某些细节和尺寸外，两者几乎一模一样；从功能上看，铁王座形象是《权力的游戏》这部剧的代表，3D打印铁王座发挥手机基座功能。在转化性使用规则下，作品内容没有发生改变，但是作品使用目的出现极大转变，代言与承载功能显然相差甚远，符合转换性使用第二要件。此外，结合我国三步检验法后面两个一般性

[1] Tesh W. Dagne. The Left Shark, Thrones, Sculptures and Unprintable Triangle: 3D Printing and Its Intersections With IP [J]. Alb. L. J. Sci. & Tech, 2015, 73 (25): 574.

[2] Matthew Rimmer. The Maker Movement: Copyright Law, Remix Culture and 3D Printing [J]. U. W. Austl. L. Rev., 2017, 51 (41): 81.

[3] Nathan Hurst. HBO Blocks 3 - D Printed Game of Thrones iPhone Dock, WIRED (Feb. 13, 2013) [EB/OL]. (2013 - 02 - 14) [2019 - 03 - 24]. https://www.wired.com/2013/02/got - hbo - cease - and - desist/.

判定要件，3D 打印铁王座并没有影响电视剧《权力的游戏》中铁王座的表征意义，但是不合理地损害剧版铁王座版权人的合法利益，虽然在一定程度上为该剧进行免费宣传，间接使版权人受益，也并不能弥补这一损害。因此铁王座的使用不构成合理使用。在符合转换性使用规定并满足合理使用一般判定要件的情况下，铁王座 CAD 文档作者商业性使用目的可不予考虑。作品功能转换本质上属于转变前后的功能是否在相关市场内，如果前后功能不具有竞争性则属于不同功能，反之，如果两种功能存在竞争性，那么就属于相同功能。因此以相关市场原理，可以准确判断作品功能转变与否。

第三节 3D 打印版权合理使用的特殊情形

一、版权蟑螂情况下的作品使用构成合理使用

（一）版权蟑螂发生原因及危害

版权蟑螂又称为版权流氓，与专利蟑螂一样是贬义词，用来形容那些利用版权诉讼，或通过威胁或主张权利来获取利益的行为。[1] 在表现形式上，符合诉讼构成要件，最初的诉讼主体

[1] 易继明，蔡元臻．版权蟑螂现象的法律治理——网络版权市场中的利益平衡机制［J］．法学论坛，2018（2）：5.

的适格性问题也在演变过程中得到解决，之所以被称为“版权蟑螂”，是因为诉讼目的不在于维权，而是通过维权获取利益，甚至为了获益引诱人们侵权。版权流氓现象的制度支撑为“版权法定损害赔偿”，这也解释了为什么美国会出现大量的版权蟑螂现象。众所周知，美国版权侵权损害赔偿方式采“平行顺位”，权利人可以自由选择损害赔偿方式，同时法定损害赔偿最低和最高额度之间差异较大，一旦诉讼成功，所得赔偿数额甚至可与作品通过合法渠道传播所获利益相提并论。[1] 自2010年以来，美国出现较多“趋利性诉讼”，逐渐在网络版权领域蔓延。除法定损害赔偿制度提供强有力的支持，DMCA避风港规则也为版权流氓诉讼的发生创造了条件。表现为DMCA过分强调免除网络服务商版权审查义务，一旦权利人向网络服务平台发出删除通知，为避免承担责任，网络服务商在立即删除涉嫌侵权作品时，还会在权利人出示法院禁令的情况下，向权利人提供涉嫌侵权用户的IP地址等相关信息，为权利人诉讼提供便利。鉴于美国法定损害赔偿数额较高，很多涉嫌侵权用户会在权衡之后选择和解，极大地纵容了版权蟑螂行为。

除了制度保障外，数字网络环境也为版权蟑螂提供了发展契机：便创制作、易于传播。申言之，作品主体呈现多样化趋势，作品传播简单快速。版权蟑螂现象最早出现在戏剧和音乐

[1] Voltage Pictures, LLC v. Does 1 - 5000, No. 1: 10 - cv - 00873, 2010 WL4955131 (D. D. C. May 24, 2010), ECF No. 1.

作品领域[1]，传播效率至上的互联网极大提高了作品的传播速度和范围，大规模版权侵权现象为版权蟑螂的产生发挥了激励作用，版权蟑螂现象得到进一步扩散。

从主体角度来看，先前以购买或者代理版权作品出现的诉讼主体不适格问题逐渐被解决，数字网络环境下“版权转换成本”低[2]，版权人身份容易获得。从诉讼对象上看，先前版权蟑螂主要针对企业等大型经济实体，现在有转向网络盗版领域、针对大量单个用户提起诉讼的趋势，诉讼主要针对未经许可的网络下载行为。从诉讼规模上看，数字音乐领域点对点文档共享所引发的维权诉讼数量足够“激励”版权蟑螂行为发生。因此在数字网络发展迅猛的同时，版权蟑螂泛滥的现象已经不容忽视。我国版权蟑螂现象没有美国严重，主要在于我国版权侵权损害赔偿采取按照顺序赔偿的方法，同时法定损害赔偿没有设置最低额度且最高额度也相对较低。司法实践中即使采用法定损害赔偿计算方法，赔偿额度也普遍偏低，因此尚未达到一定程度的激励效果。[3] 但版权蟑螂所带来的危害日益显现。

承前所述，版权蟑螂现象之所以为人诟病是因为其“趋利”本质，违背版权法激励创作初衷，将版权法作为获利工具。这非但没有促进社会主义文化和科学事业发展与繁荣，“争讼”本

---

[1] Lionel Bently, R. V The Author: From Death Penalty to Community Service—20th Annual Horace S [J]. Columbia Journal of Law & the Arts, 2008, 11 (1): 324.

[2] Mark A. Lemley. The Myth of the Sole Inventor [J]. Michigan Law Review, 2012, 110 (10): 1121.

[3] 曹新明. 我国知识产权侵权损害赔偿计算标准新设计 [J]. 现代法学, 2019 (1): 111-120.

质反而阻碍人们在现有作品基础上的再创作行为。申言之，版权蟑螂的危害主要表现在以下几个方面。第一，浪费司法资源，版权蟑螂通过诉讼或者利用诉讼相威胁，大大增加不必要的诉讼，并且滥诉的现象会越来越多。[1] 第二，不利于建立良好的版权市场秩序，版权法通过为作者设定权利，保障作者的精神和经济利益，进而激励作者创作更优秀的作品。倘若版权蟑螂盛行，作者或者作品代理人过度关注通过诉讼获取经济利益，会本末倒置。同时，拼贴式作品会越来越多，导致版权主体呈倍数扩张，原本规制少数主体的版权法失灵。第三，掩盖作品真实价值，在美国唱片工业协会向大量单个用户提起侵权诉讼的情形中，美国唱片工业协会的诉讼对象包括各种群体，例如，各年龄阶段的学生，在议价能力如此悬殊的双方之间发生的纷争，绝大多数以和解告终，美国唱片工业协会虽然维权获得成功但却声誉受损，最终结果也显示通过和解无法正确评估作品价值，诉讼投入与维权回报严重失调。[2] 这也是美国唱片工业协会后来放弃大规模诉讼的原因之一。版权蟑螂通过诉讼数量获益，而不是因作品实际价值实现等额交换，会误导公众错估作品的实际价值。总之，版权蟑螂是侵权货币化行为，与版权立法价值相悖。[3]

---

[1] Matthew Sag. Copyright Trolling, An Empirical Study [J]. Iowa Law Review, 2015, 100 (12): 156.

[2] RIAA v. Verizon 2003, 351 F. 3d 1229, 359 U. S. App. D. C. 85, United States Court of Appeals, District of Colombia.

[3] 常素洁. 从知识产权角度探析全媒体时代版权价值 [J]. 出版广角, 2015 (11): 81.

3D 打印产业相关作品实用性强，同时设计与打印分离，CAD 文档不仅是作品，也承载了产品的商业价值，相较于艺术作品，其拥有更广泛的消费者群体。[1] 在作品创作方面，门槛较低，技术类问题由专业人士解决，例如，已经出现较多的用户友好型设计软件，即使技术不熟练的个人也能根据自己的想象利用软件进行相关 CAD 文档制作；独创性方面，在司法实践中虽然没有具体统一标准，但对独创性具有很大的包容空间。[2] 因此，个人创作 CAD 文档作品并不是遥不可及的事情。鉴于我国现行《著作权法》已经提高法定损害赔偿额度，而且取消损害赔偿方法顺位限制，为版权蟑螂现象提供了有利的生长环境。[3] 综合看来，3D 打印网络背景下，版权蟑螂数量将与日俱增。

（二）版权蟑螂与合理使用判定

与专利蟑螂不同，版权蟑螂的判定相对困难。专利实用性强，对技术发展有极大推动作用，专利法规定专利需要在一定期限内得以实施；而作品即使不公开发行也不会受到干涉，这也是版权蟑螂比专利蟑螂出现晚二十多年的原因。专利蟑螂给公众利益带来的危害已经有目共睹，版权蟑螂在数字网络环境下分散式大规模侵权频发的当下，将会给公众利益带来的损害

---

[1] 孙玉荣，王罡．论 3D 打印数字模型的复制［J］．科技与法律，2017（4）：75.

[2] 尤越．智能工具下摄影作品的独创性标准［J］．电子知识产权，2015（9）：49－50.

[3] 许春明，杨欢欢．约定赔偿作为知识产权侵权惩罚性赔偿数额计算基数研究［J］．知识产权，2022（10）：69－81.

也是可以预见的。[1] 版权蟑螂作为诉讼发起人，虽然动机不纯，但终究是在维护权利。打击此种投机行为，需要正确界定版权蟑螂现象。

综合当前版权蟑螂的相关案例，版权蟑螂行为主要分为三种。第一种是“样本主义蟑螂”，是指行为人购买版权作品样本或者通过旧有版权作品，然后寻找根据该样本演绎的相关作品提起诉讼。[2] 这种情况常见于音乐领域，例如，一首曲子是由多种元素混合而成，未经作者许可擅自使用部分版权元素，很容易构成版权侵权。[3] 样本蟑螂表明版权人只需要执行已有作品中的权利，无须创建新作品就可以获利，甚至可以搭上演绎作品的“顺风车”获得成功。第二种是“在线新闻蟑螂”，表现为个人诉讼商业模式。具体做法是行为人购买报纸上相关文章版权，以此为基础在网络上寻找未经许可演绎版权作品的文章。Righthaven 公司通过购买报纸上关于拉斯维加斯评论期刊上的内容，开始起诉在其他网站上重新发布已发表文章的用户，利用版权法定损害赔偿制度，或通过诉讼或利用诉前和解进行盈利。[4] 第三种是“文档共享蟑螂”，表现为大众诉讼商业模式，

---

[1] 雷启立.“网络撞车党”和作者的知识产权——“三面向”系列诉讼案引发的思考［J］. 编辑学刊，2008（3）：8－11.

[2] Tim Wu. Jay－Z Versus the Sample Troll：The Shady One－man Corporation That's Destroying Hip－hop，SLATE［EB/OL］.（2016－04－26）［2019－08－29］. http：//www.slate.com/id/2153961/.

[3] Larrikin Music Publishing Pty Ltd v. EMI Songs Australia Pty. Ltd.（No.2）（2010）FCA 698：217－222. Court Decides on MEN AT WORK“Down Under”Plagiarism Case，MOG. 2010.

[4] 易继明，蔡元臻. 版权蟑螂现象的法律治理——网络版权市场中的利益平衡机制［J］. 法学论坛，2018（2）：5－18.

不同于前两种从作品非法传播中收回损失利润，文档共享通过寻求不特定被告，利用法定损害赔偿制度发起大众诉讼模式。[1]正是互联网快速发展给作品传播带来了作者无法预料的方式，一般网络用户已经获得成为大规模版权侵权者的能力。3D 打印目前面临文档共享蟑螂的困境，正确识别并解决版权蟑螂才能为 3D 打印 CAD 文档网络传播营造一个良好的发展环境，进而推动 3D 打印产业有序快速发展。

从数字音乐文档点对点非法共享历史斗争经验可知，个体用户未经许可使用版权作品一旦形成规模，会给版权人利益带来极大损害。有学者将作品使用分为“消费性使用”和“改编性使用”，[2] 欲以此为基础判断作品是否属于合理使用。从文义解释角度出发，“消费性使用”主要是指不改变作品内容，通过复制手段发挥作品本质功能；“改编性使用”是指通过演绎、注释、删除或增加等方式，改变作品内容的使用。“改编性使用”类似于上文所述“转换性使用”，需要根据具体转换内容判断其是否属于合理使用。在版权蟑螂现象中，主要涉及私人复制合理使用，尤其是在消费者转变为产销一体者的 3D 打印背景下，私人复制的合理使用问题。

承前所述，“转换性使用”可以作为合理使用判断要件，其中因为作品演绎行为对原作品市场所产生的替代性效果无法准

---

[1] James DeBriyn. Shedding Light on Copyright Trolls: An Analysis of Mass Copyright Litigation in the Age of Statutory Damages [J]. UCLA Ent. L. Rev., 2012, 79 (19): 90.

[2] Deborah Tussey. From Fan Sites to Filesharing: Personal Use in Cyberspace [J]. Georgia Law Review, 2001, 35 (10): 99. 易继明，蔡元臻. 版权蟑螂现象的法律治理——网络版权市场中的利益平衡机制 [J]. 法学论坛，2018 (2): 12.

确计算。同时对于戏仿、视频拼贴等作品使用行为在给作者带来侵权困扰时，也在一定程度上对作品进行免费宣传。综合下来无法计算清楚到底是损失还是获益，因此，在“转换性使用”判断中没有对“原作品市场替代价值”进行考察。同理，消费者层级3D打印市场，产品设计图CAD文档虽然可以打印多种替代零部件甚至是家用电器，但目前尚不能取代传统制造工业，毕竟对于复杂或精加工产品等需要专业技术人员生产制造。[1] 所以即使产品设计图CAD文档随着打印材料不断丰富，其对物理产品零部件市场产生替代威胁还为时尚早。还有学者从网络用户基数大，数量远超物理作品市场上个体消费者，不适合仍然将数字网络市场同等对待视为传统消费市场。[2] 从即时性效果来看，数字网络市场确实会在较短时间内产生规模侵权，但从长远来看，物理作品随着时间累积也未必没有达到规模侵权效果，所以短时间内以侵权规模区分物理市场和数字市场个体消费者含义并不明智。因此数字网络环境中个体用户相当于物理作品个体消费者，判断其是否属于合理使用取决于作品使用方式，而不是根据侵权规模进行判定。所以对抗版权蟑螂行为主要依靠个人合理使用制度。

版权蟑螂属于行为人刻意为之。从主观要件出发，带有帮助或者引诱意图，其目的性强，破坏力大，完全无视著作权法

---

[1] 刘强．产品设计图著作权保护研究——以3D打印为视角［J］．重庆理工大学学报（社会科学版），2014（7）：65－68．

[2] 易继明，蔡元臻．版权蟑螂现象的法律治理——网络版权市场中的利益平衡机制［J］．法学论坛，2018（2）：12．

的立法目标，在权衡各方利益时，可以考虑将版权蟑螂行为作为合理使用判定要件之一，即版权人创作或购买作品目的在于实施版权蟑螂，个体消费者使用作品行为可视为合理使用，前提是个体消费者使用的作品必须是合法获得的作品，若被使用作品本身为盗版，即使版权人因为版权蟑螂提起诉讼，也不应视为合理使用。例如，个体消费者明知海盗湾（The Pirate Bay，TPB）绝大多数作品属于盗版，仍然下载并使用作品，属于非法行为，绝大多数国家都将其视为侵权。[1] 将版权蟑螂视为合理使用判定要件之一，并不是为版权侵权行为开脱，而是为了平衡公众与版权所有者的利益。相较于版权蟑螂滥用司法程序侵权货币化激励结构，代表公众利益的个体消费者更应该受到保护。同时严格界定版权蟑螂，避免矫枉过正。不同于专利蟑螂，其中专利是否投入使用可以作为关键判断因素，版权蟑螂却不可以作品是否投放市场进行判断，毕竟作品没有强制使用规定，而且不同时期作品价值不尽相同，所以版权蟑螂行为认定比专利蟑螂困难得多。[2]

以现有案例为基础，总结版权蟑螂行为特征，为版权蟑螂认定提供有益借鉴。主客观要件不必赘述，此处着重分析版权人所从事的“相关市场”。版权蟑螂主体主要包括继受和原始版权人，此处“相关市场”是指版权人身份和版权作品使用具有

---

[1] Brad A. Creenberg. Copyright Trolls and the Common Law [J]. Iowa Law Review Bulletin, 2015, 100 (13): 50.

[2] 易继明. 遏制专利蟑螂——评美国专利新政及其对中国的启示 [J]. 法律科学（西北政法大学学报），2014 (2): 178.

相关性。[1] 详言之，继受作品版权的权利人，获得作品的主要目的在于欣赏、研究、演绎等不以营利为目的的活动；原始版权人通过充分发挥作品市场价值获得经济激励不是单纯依靠诉讼。作品相关市场寄希望于通过行为推断目的，若版权人所有作品种类繁多，其本身不从事相关领域职业，版权蟑螂发生概率就比较大。“相关市场”是辅助性判断因素，最终判定还需要结合主客观构成要件以及具体细节。

二、锁定代码情况下的作品合理使用分析

（一）锁定代码发生原因及影响

锁定代码（lock code）最初发生在应用软件领域，为了使不具备独创性的功能性软件获得版权保护，使用锁定代码将其纳入版权保护范围，其中锁定代码为版权保护部分。[2] 与用编程语言从头开始编写软件不同，程序员可以享受商品化的编码环境，图标表示子程序。程序员不将代码作为文本输入，而是依赖图标或者默认结构来完成大部分的编码。程序员只需要填空格即可。随着编码抽象化和商品化，以及提供纯实用功能的简

---

[1] 易继明．论行业协会的市场化改革［J］．法学家，2014（4）：36－40.

[2] Julie E. Cohen. Reverse Engineering and the Rise of Electronic Vigilantism：Intellectual Property Implications of “Lock－out” Programs［J］．S. CAL. L. Rev.，68（16）：1094－1095.

单程序的激增，由此产生的软件是否满足版权独创性临界值的问题重新回到大众视野。数字化预示着以相对低的成本增加创新和创造力。它同时提供分享和复制创作的机会，取决于版权人的主观分享意愿。在分享作品的同时保留控制权成为大部分版权人的选择，如要求注明出处或禁止任何商业化的改编。

承前所述，个人 3D 打印领域绝大多数为实用型产品的 CAD 文档，如通过 3D 扫描未经装饰的螺丝、齿轮等获得的设计文档。纯功能型数字化制造文档构成“实用物品”，不具备分离性特征，同时单纯“复制或者绘制”已有产品 CAD 文档设计图，不构成产品设计图作品类型。至于技术草图，其独创性体现在设计文档中可以凸显“个人选择”的地方，如草图中对细节的安排、对标记的选择，等等。[1] 个人 3D 打印层面，各种辅助设计工具使原本只具有“消费”能力的终端用户逐渐成为设计者，产品设计图、技术草图等职业属性强的图形类作品大量出现在非专业群体中。正如版权法最初规制主体由少数群体的职业作家逐渐扩大到整个社会群体，粉丝创作、Remix 创作的流行就是具体表现。[2] 当设计文档本身属于纯功能型对象不受版权保护时，文档创建者往往会通过增加锁定代码的方式，即在文档中添加版权保护内容，旨在保护那些不受版权保护的文档。在此情形下，具有独创性的表达性内容扮演锁定代码角色。锁定代

---

[1] Lucas S. Osborn. Of PhDs, Pirates, and the Public: Three - Dimensional Printing Technology and the Arts [J]. TEX. A&M L. REV., 2014, 1 (7): 811 - 819.

[2] 刘颖，何天翔. 著作权法修订中的“用户创造内容”问题——以中国内地与香港的比较为视角 [J]. 法学评论，2019 (1): 125 - 126.

码在客观层面上的操作主要包括在文档中插入任意的创意性评论，或者在评论中插入独创性诗句；在数字环境下，将不可版权的数字化对象与可版权图像叠加在一起，使整个文档受版权保护。

锁定代码现象并不是3D打印特有的[1]，创作者最初在计算机软件领域使用锁定代码意在阻止自己创作的系统或者硬件与竞争者的后续产品互通，在锁定代码情况下，竞争者通过访问系统自己独立创建新的作品。[2] 这是计算机软件作品的特殊性，其他类型的作品一般用户在锁定代码情况下会直接复制整个文档，根据版权侵权无过错归责原则，行为人很容易构成版权侵权行为，用户在无意识状态下频繁侵权会产生寒蝉效应。承前所述，个人3D打印领域，用户创建CAD文档并不是为了视觉上的享受，最终目的在于打印定制化物品。因此，CAD文档的内容部分甚至全部属于实用性对象，先前已经存在的锁定代码行为将故伎重演。从锁定代码行为人主观目的出发，阻止用户对版权作品实用性部分的获取，实际效果上没有发挥创作激励作用。从客观表现形式上看，版权人尝试将自己的“劳动成果”纳入版权法保护范围没有争议，毕竟锁定代码部分属于具有独创性的版权表达受版权保护。因此，如何解锁成为正确使

---

[1] Julie E. Cohen. Reverse Engineering and the Rise of Electronic Vigilantism: Intellectual Property Implications of "Lock - out" Programs [J]. S. CAL. L. Rev., 68 (16): 1094 - 1097.

[2] Pamela Samuelson. Functionality and Expression in Computer Programs: Refining the Tests for Software Copyright Infringement [J]. BERKELEY TECH. L. J., 2016, 31 (11): 1221.

用版权作品的关键，“合并原则”与“可分性原则”成为解锁钥匙。

（二）打印 CAD 文档实用性部分而复制版权内容构成合理使用

从法教义学角度，法官对于锁定代码行为有如下两种解释：第一，在司法实践中承认锁定代码是可版权的表达，任何未经作者许可的复制都构成侵权；第二，根据“合并原则”判断可版权内容与功能性内容融合。[1] 根据我国著作权法相关规定，侵犯版权人的复制权属于“行为犯”，即只要行为人在未经版权人许可的情况下以“印刷、复印”等方式使用作品则构成侵犯复制权行为。[2] 在侵权例外规定中，合理使用需要具备“非营利目的”前提，并且只有在规定的十二种情形下才能适用，会出现不能覆盖的情形。虽然法官在司法实践中排斥版权锁定代码行为，但版权侵权是既成事实。[3] 正如在计算机软件中出现版权锁定代码现象，美国第九巡回法院判定“公众获取版权保护的计算机软件程序中体现的想法和功能性元素”。[4] 此时需要运用“可分性原则”将可版权对象区分开来。在无法区分可版权对象

---

[1] Lexmark Int'l, Inc. v. Static Control Components, Inc. , 387 F. 3d 6th Cir. 2004: 522 - 541.

[2] 孙玉荣，王罡. 论 3D 打印数字模型的复制 [J]. 科技与法律，2017 (4): 73 - 75.

[3] Lucas S Osborn. Intellectual Property Channeling for Digital Works [J]. Cardozo Law Review, 2018, 18 (10): 1325.

[4] Sony Comput. Entm't, Inc. v. Connectix Corp. , 203 F. 3d 596, 603 (9th Cir. 2000).

部分时，可以尝试通过“合并原则”判断版权部分与功能性部分是否融合。这种方法能够为数字文档的后续用户提供明确规则，允许用户在没有侵权之虞的情况下创建文档的复制件。通过司法实践经验积累，美国第六巡回法院最终得出“用户复制锁定代码纯粹为访问文档的实用功能部分，可以采用合理使用进行侵权抗辩”的结论。[1]

“合并原则”是指创造力“合并”在草图的实用功能或者想法中，与非版权对象融为一体不受版权保护。企业国际公司诉International Knife & Saw有限公司案中，法院出于对独创性要求的考虑，驳回了原告技术草图版权保护的请求，因为“该设计师承认只包含功能型和实用型信息，其唯一目的是制造特定类型的刀或刀片以精确地适应某些机器”。[2] 对于制造过程的顺序（如优先制造对象的左边还是右边，或者钻孔顺序的选择）作出的微不足道的选择可能是“有创意”的决定，但是这些选择丝毫不影响对象功能，也无法凸显个人印记。绝大多数潜在的决定（如纵向或横向定位对象）将出于实用性考虑，而且是如此平庸，以至于缺乏有意义的创造力。

上述计算机软件作品中出现的锁定代码情形，与CAD文档作品不完全相同。申言之，CAD数字制造文档具有更强的可操作性，并且容易复制，即使非专业人士也可以轻易复制、修改

---

[1] Lexmark Int'l, Inc. v. Static Control Components, Inc., 387 F.3d 6th Cir. 2004: 544-545.

[2] Enterprises International, Inc. v. International Knife & Saw, Inc. 5 No. C12-5638 BHS, 2014 WL 1365398 (W.D. Wash. Apr. 7, 2014).

甚至创建数字化制造文档，这就导致大量无意识侵权。同时，计算机软件虽然受版权保护，但是其更新迭代速度快，在版权保护期内就可能已经被淘汰。而 CAD 数字文档不同，其实用性部分并不会轻易过时。例如，锤子使用寿命颇长，因此在数字文档领域识别并区分锁定代码行为具有重要意义。在消费者 3D 打印领域，适用条件应该为“用户复制版权文档纯粹为打印实用功能部分”，区别体现在文档的使用方式上。前文论述侵犯 CAD 文档信息网络传播权行为时，在涉及实用艺术作品和产品设计图的网络传播行为时，对未经许可将作品上传至网络、构成侵犯版权人信息网络传播权的行为，已经作出了侵权判定。作者上传作品时初衷是否为传播作品的实用性部分并无追究的意义，一旦用户面向不特定公众上传 CAD 文档，作品传播便不再受版权人控制。进而得出，用户按照自己的意志支配，下载并打印 CAD 文档。用户上传 CAD 文档面向不特定公众，作品一经网络传播便失去控制，无法按照上传文档行为人的初衷进行传播。而下载和打印 CAD 文档的用户，其后续行为是由自己意志支配进行意思表示，最终进行 3D 打印。[1]

因此，信息网络传播行为需要与下载和打印行为区别开来，明确访问版权作品中实用性部分的最终用途。深入分析法官在案例中对“锁定代码”合理使用的界定可知，落脚点仍然在于行为人最终的使用目的，只不过不同类型作品使用方式存在差

---

[1] 王淑君. 3D 打印版权问题研究 [J]. 中国出版，2015 (2)：47.

异。[1] 共同之处在于，都没有对可版权部分进行实质性使用，并且复制行为属于客观必要。有鉴于此，个人3D打印层面，行为人因实施打印CAD文档中实用性部分而被迫复制版权内容，复制先行行为被后发打印行为吸收，最终结果表现为打印获得实用性物理对象。当认定版权人实施锁定代码行为而无法将锁定代码内容进行物理分离时，可采用合并原则认定锁定代码被功能性部分融合，也构成对作品的合理使用。

本章小结

在分析3D打印版权合理使用原则之前，首先对我国著作权法体系应该采用的合理使用判定标准进行分析，摒弃合理使用四要件判定标准。一方面，合理使用四要件判定标准已经不能够适用于用户创造内容行为；另一方面，作为大陆法系国家，在法的渊源上应该采取合理使用三步检验法。确定大前提之后，针对个人3D打印出现的用户创造内容现象，运用“转换性使用”判断方法能够更准确有效地认定合理使用行为。版权蟑螂和锁定代码则是从版权滥用角度出发，明确版权滥用具体情形，避免用户对作品后续复制行为产生错误认识从而影响作品利用，进而妨碍消费者3D打印市场的发展。

---

[1] Lucas S. Osborn. Intellectual Property Channeling for Digital Works [J]. Cardozo L. Rev, 2018, 39 (10): 1303-1323.

第五章　3D 打印版权侵权行为的应对

前文通过分别对 3D 打印版权主体、客体、权利内容和侵权构成带来挑战的分析，描述了 3D 打印给整个版权体系带来的冲击。本章欲在此基础上对 3D 打印版权法应对作出系统性总结，从法解释学角度分析现行《著作权法》对 3D 打印行为的调整，进而规范 3D 打印产业的发展秩序。从数字音乐、数字电影等领域可知，单靠著作权法阻止侵权效果一般，3D 打印作为能够颠覆传统制造的新兴技术，需要政策支持。同时 3D 打印带来的政策问题也亟待解决。因此，本章着重分析 3D 打印版权侵权政策应对，并补充分析 3D 打印企业商业模式战略模式，力图从法律、政策和市场三个方面应对 3D 打印产业带来的挑战与机遇。

第一节　3D打印版权侵权的法律应对

一、减少版权客体类型限制条件

个人制造3D打印领域的版权法问题主要围绕CAD文档和打印物的可版权性两方面。这是版权侵权问题展开讨论的前提条件。CAD文档作为物理对象的数字化表达，满足版权法保护“表达”的条件。其争议在于现行版权法客体没有与CAD文档完全吻合的类型。[1] 我国现行《著作权法》在对著作权客体规定上采取开放式列举，但目前还没有具体案例说明符合作品特征的其他智力成果到底包含哪些类型，著作权客体法定由穷尽式列举修改为开放式规定，不宜盲目扩张作品类型。例如，音乐喷泉案例一审在没有明确音乐喷泉具体作品类型的情况下判定其受版权保护，引起作品类型化的争议；二审中创造性的认定音乐喷泉为“新型美术作品”，维持一审认定其具有独创性构成作品的判决。[2] 回归3D打印中的CAD模型，客观要件符合工程设计图、产品设计图等图形作品类型，但根据《著作权法实施

[1] Kyle Dolinsky. CAD'S Cradle: Untangling Copyrightability, Derivative Works, and Fair Use in 3D Printing [J]. Wash. & Lee L. Rev., 2014, 71 (14): 639.

[2] 邢张睿，陈星. 高校图书馆数字化建设中的版权清算研究——以《中华人民共和国著作权法》第三次修订后为视角 [J]. 图书馆工作与研究，2022 (3): 5-12.

条例》，不符合“施工、生产”创作目的，尤其是在个人 3D 打印环境下，大多数用户创建 CAD 文档是出于兴趣爱好、帮助别人或者获得声誉奖励等目的。[1] 例如，彭罗斯三角 CAD 文档创建者的创建目的是获得心理上的满足，作为首个复杂对象 CAD 文档的创建者获得赞誉。[2] 因此，对于作品创作目的规定得过于具体，反而会限制作品类型的适用。

此外，根据我国著作权法以往的修改草案对实用艺术作品的定义，CAD 文档比较符合这一作品类型。绝大多数消费者创建的 CAD 文档在主客观构成要件上都满足该作品要求：主观上对创作目的没有任何要求，客观上是玩具、家具、饰品等实用与审美兼具的平面或立体作品。早在 1992 年，为了与《伯尔尼公约》保持一致，我国在《实施国际著作权条约的规定》中承认实用艺术作品，为外国实用艺术作品提供为期 25 年的保护，引起学者们对“超国民待遇”的争议。[3] 美国学术界将 CAD 文档认定为 PGS（图形、图画和雕塑）作品，其中包含实用艺术作品类型，同时包括模型、技术草图、建筑草图等，所以 CAD 文档的作品类型在美国争议不大，争议集中在作品“独创性”有无判断上。因此，我国目前虽然已经在司法实践中认可实用艺术作品保护，仍需要在著作权法条中得以体现，毕竟我国著

---

[1] Jeanne C Fromer. Expressive Incentives in Intellectual Property [J]. VA. L. REV, 2012, 98 (12): 1750.

[2] Tesh W. Dagne. The Left Shark, Thrones, Sculptures and Unprintable Triangle: 3D Printing and Its Intersections With IP [J]. Alb. L. J. Sci. &Tech., 2015, 72 (13): 573 -574.

[3] 卢海君. 美国实用艺术作品版权保护制度及其借鉴 [J]. 知识产权, 2014 (3): 103.

作权法要求客体类型法定，CAD文档认定为实用艺术类作品需要有实体法依据。

目前我国尚未出现针对3D打印作品的版权侵权案例，只有美国第十巡回法院在梅什沃克斯案中对“独创性”作出解读。虽然争议中的丰田汽车CAD模型最终被判定为不具有独创性，但第十巡回法院同时表明，稍微加入模型制作者的判断和选择即可满足独创性的最低门槛。[1] 可见并不是“一刀切”地认为物理对象的CAD模型不具有独创性。我国作为大陆法系国家，独创性判断标准经过司法实践演变，也采取“作者一定智力投入”为认定依据。[2] 在个人3D打印情形下，独创性有无的判断需要针对具体情况进行分析，不能笼统概括，原因在于消费者市场3D打印主体多元，绝大多数并非专业人员，创建CAD文档的目的各异，因此CAD文档是否具有独创性需要各案各判。

针对上述情形，将图形作品规定的“为施工、生产绘制”扩大成“为施工、生产等目的绘制”，包含部分具有专业能力的消费者单纯出于精神上的满足绘制CAD图形作品的具体情形。或者借鉴《美国版权法》规定，直接将图形作品定义为“工程设计图、产品设计图等具有独创性的图形类作品”，避免在创作目的、创建工具等具有不确定因素，同时对作品独创性没有影响的方面作出穷尽列举。可以尝试在版权客体法定框架下，类

---

[1] Meshwerks, INC. v. Toyota motor sales U. S. A. , INC. 528 F. 3d 1258 (10th Cir. 2008): 1264.

[2] 姜颖. 作品独创性判定标准的比较研究 [J]. 知识产权, 2004 (3): 8.

型化作品定义，尤其是 3D 打印以及相关技术的出现，扩大了实用艺术类、图形类作品的创作主体范围。

二、合理使用在立法技术上采取开放式列举

将转换性使用原则作为 3D 打印作品合理使用判断标准符合 3D 打印市场特征。著作权法为作者提供作品专有排他性权利，合理使用原则通过允许某些未经授权使用版权材料的行为限制作者的专有权利。[1] 版权授予作者专有权利充分发挥版权激励作用，而合理使用原则通过向公众提供获取受保护作品的方式来促进创造力。这表明合理使用原则虽然与作者利益保护背道而驰，但其目的在于进一步促进创新。正如牛顿所说，其取得的成就是因为站在巨人的肩膀上。先前“市场导向”合理使用判断四要件标准偏向私有财产而忽视版权法目标，导致私人利益和公共利益失衡。[2] 同时合理使用四个判断要件是基于对个别事实作出的直觉反应，无法在司法裁判中提供足够指导从而得出统一裁决，过分依赖法官主观判断会导致同案不同判。“转换性使用”原则作为合理使用判断标准应运而生：将原作品作为创作素材或者使用原作品的结果是增加了新的表达内容、新的表

---

[1] 李琛. 论我国著作权法修订中“合理使用”的立法技术［J］. 知识产权，2013（1）：13.

[2] Pierre N. Leval. Toward a fair use standard［J］. Harvard. L. Rev，1990，103（11）：1107.

征意义或者新的功能。[1]

3D打印技术环境下，依靠网络作为海量作品的传播平台，要求消费者市场用户获取授权后使用作品，在经济成本和客观现实上不具有可行性。而消费者或家用3D打印未经授权使用作品已成既定事实，如仍以“私人非商业性使用”为侵权例外判定依据，家用3D打印行为将无法有效规制。除展览和解释说明目的外，创建CAD文档的目的在于获得打印物。用户根据个性化需求修改或重混原有CAD模型获得定制化产品，比传统生产产品要容易得多，因此，家用3D打印规模不可小觑。[2] 承前所述，3D打印消费者市场参与主体绝大多数并不是其所创建CAD文档领域的专业人员，后续用户对原CAD文档修改或重混在一定程度上提高打印产品质量，促进3D打印技术发展。从法解释论出发，合理使用四要件判定更倾向于保护版权人的财产性利益，而转换性使用标准则倾向于支持后续创造性使用作品的用户。就目前3D打印技术发展阶段而言，“转换性使用”合理使用判断标准更符合3D打印市场需求。

认可“转换性使用”判定方法必须具有本土法依据，以避免法官造法之嫌疑。在针对“用户创造内容”大量使用他人作品的情形下，可以将“转换性使用”归类在合理使用“为介绍、

---

[1] 孟奇勋．转换性使用规则的判定标准及其完善路径［J］．武汉理工大学学报（社会科学版），2019（4）：116．

[2] 德国汽车制造商宝马公司，使用3D打印技术，5天时间打印100万个3D打印组件［EB/OL］．（2019－05－03）［2019－09－30］．http：//www. sunhui. me/weiwen/4225. html．

评论或说明”条款中。[1] 因为3D 打印“用户创造内容”，其目的包括“个人学习、研究，或者说明问题”等方面，但绝大多数用户旨在按照自己的需求定制化打印产品，并不包含在“权利限制”明确列举类型中。根据现行《著作权法》规定，合理使用采取开放式列举，兜底条款包含的具体情形需要在合理使用列出的十二种具体情形下，作出体系性解释。例如第一款从使用方式和使用比例上将“使用已发表作品”修改为“复制已发表作品片段”，第二款中限制引用作品数量“不得构成作品主要或实质性部分”，开放式立法看似扩大合理使用范围，但在作品使用范围上实际进行了限缩。[2] 从法律体系解释角度看，为打印目的，复制他人已经发表作品片段，构成合理使用。因此，在著作权权利限制例外规定中，有必要加入兜底条款。

三、建立以知识共享许可为主，一般许可为辅的共享平台战略

制定开放共享平台满足用户对打印数字文档访问需求的可行解决方案是制定合适的许可战略，正如在其他数字化领域应用的各种方案所证明的那样。明确获得并使用打印文档的条件有助于用户进行3D 打印和设计创作过程。3D 打印创作者覆盖全球受众，版权人可以根据许可类型获得版税。与此同时，他

[1] 熊琦．著作权转换性使用的本土法释义［J］．法学家，2019（2）：124．

[2] 刘颖，何天翔．著作权法修订中的“用户创造内容”问题——以中国内地与香港的比较为视角［J］．法学评论，2019（1）：131．

们还可以保留利用其他手段控制其知识产权的选择权，包括法律和技术工具。将许可结合到有效的数字版权管理（DRM）中将大大简化监控和执行，平台可以提供更广泛的设计，从而增加收益。

一般许可是指设计平台许可参与主体是复杂的，包括文档下载用户、文档上传用户（通常是版权人）以及共享平台。许可类型因打印文档传播方式、开放程度和目标受众而异。从开放平台角度看，许可是平台合法提供版权人打印文档的前提，包括为用户提供3D打印服务、托管打印文档以及允许第三方上传、下载和修改文档等服务。因此平台通过与上传文档用户达成“点击许可”条款或者在用户注册条款中绑定许可。以Thingiverse平台为例，上传文档用户授权平台不可撤销、非排他性、免版税、二次许可、全额付款以及世界范围内的复制、传播、公开展览许可，甚至包括演绎作品许可，等等。[1] 根据版权人的许可，平台可以授权用户复制打印文档并制作演绎作品。除著作财产权外，用户通常被要求放弃作品精神性权利主张，作为回报，平台授予版权人使用平台上的作品和软件的许可。

权利人对许可条款的设置对平台固有条款和规定没有影响，通常是影响下载用户纵向许可限制其作品使用范围。因此，许可条款最终决定终端用户能够定制化、修改和复制打印文档的程度。在一般许可法律关系中，平台制定格式许可条款，甚至会出现权利人被过度剥夺权利。例如，在Thingiverse平台情形

---

[1] J Miles. Distributing User - generated Content: Risks and Rewards' [J]. Ent L R, 2007, 18 (1): 28 - 30.

中，不可撤销权利可能会禁止权利人将其作品许可给平台用户之外的终端用户，同样，放弃版权精神权利将阻止权利人因作品使用人扭曲作品而主张权利的选择。因此，一般许可是版权人与平台之间、平台与终端用户之间达成的许可协议，而版权人与终端用户并无实质性接触。

开源许可通常是免费许可，主要特征为广泛许可获取原作品，包括后续使用、修改和共享。[1] 开源许可来源于软件许可，最初是许可访问和修改源代码，现在开源许可也适用于其他类型的“源”作品，包括 3D 打印背景下的数字打印文档。人们使用、研究、修改和传播作品的程度取决于开源许可的条款内容。开源许可已经广泛应用于数字环境，通常表现为用户创造和自由传播内容。同样，开源许可在 3D 打印数字化环境下扮演着重要角色。因为，3D 打印社区一般以开放为原则，社区内大多数 3D 打印硬件、软件和设计都是开放来源的。开源许可免费获取直接导致内容广泛传播，人们可以自由根据喜好使用和改编作品，但开源许可的营利性长久以来饱受质疑，各种商业模式存在利用开源许可获取经济利益的情形。

虽然有学者提议 3D 打印开源许可[2]，但目前使用频率最高的是知识共享许可。知识共享（Creative Commons，CC）是一个非营利组织，旨在通过提供简单易行、标准化的版权许可促进

---

[1] 刘强．开放源代码硬件许可协议知识产权问题研究——以 3D 打印为视角［J］．北京理工大学学报（社会科学版），2016（1）：135．

[2] E Greenbaum. Three – dimensional printing and open source hardware［J］．NYU J Intell Prop & Ent L，2013（2）：257．

版权作品的传播。❶ 知识共享许可包括但不限于计算机软件，版权人可以根据自己的需求选择不同类型的知识共享许可模式。以 Thingiverse 网站为例，其作为用户免费下载打印对象的用户在线社区，每一个设计都有单独描述网页，模板对象的图像，关于设计者的信息、许可信息和社区成员的评论。社区成员可以下载 CAD 文档，定制或者直接进行3D打印。成员间也可以分享关于产品制造的有用信息。当 CAD 文档的内容上传至 Thingiverse 时，用户被要求选择一个二次版权许可，这是除了授权给 Thingiverse 及其附属公司和合作伙伴之外的许可。该许可管理第三方，同时指导其他用户使用上传内容。设计传播和共享被写进代码并默认设置 Thingiverse，它鼓励用户共享内容并确保作品版权人的利益。Thingiverse 用户可以将其版权许可指定为“保留所有权利”许可，并允许他们将作品发布到公共领域。Thingiverse 还充分实现了知识共享 RDFa 规范用来表达许可和作者信息。❷

CC 许可具体方式多样，总结下来，CAD 文档设计者可以从以下四种类型中选择❸：第一，归属（Attribution）类，除了必须注明作者身份无其他要求，缩写为 CC - BY；第二，非商业使用许可（Non - Commercial use）类，使用 CAD 文档必须出于非商

❶ 张小号，马治国. 以著作权集体管理制度应对知识共享运动中的著作权保护与管理困境［J］. 科技与法律，2011（5）：17.

❷ Jarkko Moilanen. Cultures of sharing in 3D printing：What can we learn from the licence choices of Thingiverse users?［J］. Journal of Peer Production Issue #6 Disruption and the law，2014：1 - 29.

❸ Creative Commons b. About the Licenses［EB/OL］.（2017 - 11 - 07）［2019 - 10 - 22］. http：//creativecommons. org/licenses/.

业目的，缩写为 BY - NC；第三，以相同方式分享（Share - Alike）类，表示 CAD 文档可以任何方式进行使用，包括制作演绎作品，但作品使用者必须回报以相同作品许可模式，缩写为 BY - SA；第四，非演绎性使用（No Derivatives），表示 CAD 文档使用需要以不修改作品为前提，缩写为 CC - BY - ND。以上四种许可为基础许可，用户还可以根据实际情况进行再组合。例如 BY - NC - ND 许可，表明作者希望其他用户在使用作品时必须注明出处、不得用于商业化活动并且不能修改作品。四种基本模型通过不同组合满足作品权利人的不同要求，理想状态下可以极大地激励开源文化。

知识共享适用于传统版权作品，以版权授权的方式许可用户使用作品。[1] 知识共享许可合同的形式表明其本质为具有法律约束力的协议，许可内容则体现其社会目的为向用户提供创作者使用作品方式的社会信号。知识共享长期可行关键在于确保社会使用不会破坏法律适用的强制性。知识共享越倾向于社会信号作用，其法律基础就会越来越淡薄。[2] 为避免这种情况发生，从法律层面上，法院需要裁决确定创作者的知识共享协议具有法律效力而不是单纯的信号指引作用；从用户层面上，需要对知识共享协议属于真实有效且具有法律约束力拥有合理预期。2016 年发生的案例很好地了诠释这一点，eBay 网站销售者

---

[1] 刘俊，齐爱民．CC 许可协议的国际化争议及中国化制度兼容性解析［J］．江西财经大学学报，2016（10）：118．

[2] B. Van den Berg. 3D Printing, Information Technology and Law Series［M］. T. M. C. Press，2016：37 - 63．

在无视CC许可协议的情况下，从Thingiverse网站下载数以千计的CAD文档进行打印，并在eBay网站销售打印对象。[1] 很多CC许可允许文档下载者任意使用共享CAD文档，但是也有很多用户通过制定更加具体的CC协议严格限制共享文档用途。若CAD文档版权人设置BY－NC，则不允许作品使用人将共享文档用于商业用途。上述违背许可使用作品的案例最终没有进入司法争议解决程序，但其引起了共享社区作品共享人的恐慌，因为维护版权人对CC许可的信赖利益关系到该措施的后续使用。

我国于2003年引入知识共享许可制度，该制度在我国本土化理论研究并不深入和完善，但其现实应用却呈现相反面貌，从第一年的不到1万件，到2010年仅雅虎旗下网站就高达400多万件。[2] 截至2019年，在中国裁判文书网中以“知识共享许可”为关键词进行搜索，仅检索出一个相关案例，关于计算机软件知识共享许可纠纷，判决部分强调知识共享许可不得抵触软件所选择的相应许可。[3] 从我国对知识共享许可研究和应用现状可以看出，目前知识共享许可司法认定标准及其相应规则建立并未完善，仅限于许可条款类型的适用，其效力规则尚待确认。[4] 知识共享许可为版权监管提供替代版权体系，为权利持有人提

---

[1] S. J. Grunewald. “When eBay Sellers Try To Defend Their Illegal Sale of 3D Models From Thingiverse, Comedy Ensues”, 3D Print [EB/OL]. (2016－02－20) [2019－06－25]. http://www.3dprint.com/120727/ebay－licensing－3d－models.

[2] 刘俊，齐爱民．CC许可协议的国际化争议及中国化制度兼容性解析［J］．江西财经大学学报，2016（10）：118.

[3] 浙江省台州市中级人民法院（2017）浙10民终1825号民事判决书。

[4] 杨慧玲，冯超．论我国知识共享协议许可制度的构建［J］．现代经济讨论，2015（8）：80－82.

供分享设计的机会，同时也为创新和发展提供机遇。承前所述，立法者在对待3D打印这种新颖而不成熟的技术时，实施法律限制需要谨慎。就目前而言，置于共享社区的CAD文档和3D打印对象，在社区内通过知识共享许可进行传播，是知识共享许可制度得到有效实施的表现。

四、引入技术措施预防版权侵权

数字化对版权作品的创建、复制和传播有深远影响，表现在数字化作品极易受到侵犯，技术措施能够弥补版权法保护的不足。

（一）数字版权管理技术措施的尝试

数字版权管理（Digital Rights Management，DRM），是指通过获取控制技术，利用该技术来限制数字文档的复制和传播，在不影响合法用户对数字媒体内容正常使用的情况下，保护数字作品版权并从中获益。[1] 随着DRM不断发展完善，除技术保护之外同时尝试结合使用合同和技术许可协议来保护数字内容。[2] 目前已有企业着手研究CAD文档数字版权管理技术路径。鉴于CAD文档在制作方式和传播途径上与数字音乐文档极为类似，可以通过分析数字音乐产业对DRM技术的适用模式为CAD

[1] 张茹，张啸．数字版权管理［M］．北京：北京邮电大学出版社，2008．

[2] Stefan Bechtold. Digital Rights Management in the United States and Europe［J］. The American Journal of Comparative Law，2004，52（2）：325．

文档提供参考。

DRM不仅提供包括加密技术、复制控制技术等在内的核心技术，还提供识别和管理信息内容的方法，从理论上杜绝盗版行为。[1] 但从行为方式上看，要在大众市场（mass-market）获得成功，DRM技术必须以一种标准化的方式整合到消费者设备中，贯穿整个发行系统，通过个人用户从内容的创建到销售，必须确保没有单独的设备或者零件可以以一种不加密的形式传输内容，这是DRM系统的安全性所在[2]——其本质是建立数字内容安全发行链，将各链条交织在一起的技术。从DRM技术目的角度看，在理想层面上确实可以完美避开版权盗版行为，但实际效果却不理想，事实上存在大量使用便利的软件程序用于删除数字音乐文档附加的DRM技术。虽然根据DMCA规定，DRM软件规避技术是不合法的，但是消费者已经拥有非法获取文档的能力，因此规定技术规避措施违法也不太可能阻止用户的行为，[3] 家用3D打印行为人会因为其隐秘性而对技术规避措施无所顾忌，另外DRM技术本身操作的复杂性增加了使用难度，用户需要经常下载特殊的软件，输入密码或者限制使用平台数量；最重要的是该技术完善和管理的成本昂贵，超出了用户的支付意愿。

---

[1] 张青. 数字版权管理技术在数字图书馆中的应用［J］. 出版广角，2017（4）：45.

[2] Dean S. Marks & Bruce H. Turnbull. Technical Protection Measures：The Intersection of Technology，Law and Commercial Licenses［J］. EUR. INTELL. PROP. REV.，2000，22（9）：198-204.

[3] Johns，A. Privacy：The Intellectual Property wars from Gutenberg to Gates［M］. London：The University of Chicago Press，2009.

通过分析DRM技术措施可知，该技术适用于具有一定经济实力并且管理有序的“组织”，对于阻止大量分散性个体版权侵权行为效果不佳。目前3D打印引起的版权侵权现象普遍发生在消费者或个人制造领域，DRM高技术成本与CAD文档低获取成本对于任何一个理性人而言不具有选择困难，3D打印领域DRM技术使用率偏低不言而喻。有鉴于此，DRM技术固然有其不可替代的优势，但普遍适用存在困难。如果能够降低技术成本，将会极大改善DRM技术措施适用情形。

（二）区块链技术措施的尝试

3D打印版权客体包括CAD文档和打印对象，而CAD文档决定打印对象的可版权性，因此，3D打印版权侵权主要表现为CAD文档作者享有的专有权利受到侵犯。[1]技术措施预防版权侵权主要在于使未经授权的行为人无法进行下载、修改或传播等使用文档的行为。区块链技术措施可以实现预防版权侵权功能。区块链相当于一个数据库，但其中的数据内容呈分布式、去中心化的状态，每个分散的数据块分别代表用于交易的信息，通过密码学将部分数据块关联起来。[2]具体表现为区块链技术构建并限制数字模型访问机制，其中分布式寄存器关联唯一特定零部件、生产零件的机器和该机器用户，并为该用户分配单独的

---

❶ 马忠法，陈潜．3D打印中的“复制”与“合理使用”［J］．上海财经大学学报，2015（3）：97－104．

❷ 徐明星，等．区块链重塑经济与世界［M］．北京：中信出版社，2016：24－26．

可编程权限，使用由管理员支付或分配的信用额度系统，可以授权已识别的人员在给定时间段内以预定的定制级别生产特定数量的给定零件。[1]

根据区块链具体工作原理可推知，区块链主要有以下特征：第一，修改数据块的难度高、分散式的数据存储与管理，同时在通过区块链进行相关交易时安全性高。[2] 详言之，修改数据块的难度高，意味着信息在网络传递过程中不易被篡改，相关的作品不会在未经作者授权的情况下被擅自修改或演绎。第二，分散式的数据存储与管理，中心管理机构或者中心设备各个参与设备都承担等量任务，共同合作完成验证、存储和更新数据块任务。第三，交易安全性高，因为区块链是利用算法进行数据交换，按照智能合约条款执行，不涉及各交易主体之间的信赖利益，交易过程公开透明，无须监管。当各方主体均确认交易时，交易行为真实有效。[3] 与数字版权管理技术措施一样，区块链技术在理论与实践上也具有差异，主要表现为在区块链技术背景中的作品都是匿名的，很难准确定位侵权行为人，同时由于交易过程透明化、没有监管而导致侵权行为很难被及时发现，所以即使区块链技术在数字版权管理技术措施基础上有很

---

[1] 李仪．大数据下个人信息共享的风险及其知识治理对策［J］．管理现代化，2019（6）：79－81．

[2] 侯周国，梁欢．区块链技术发展现状及特色应用研究［J］．科技创新与应用，2019（30）：18－20．

[3] 穆向明．基于区块链技术的数字版权保护新思路——《2018年中国网络版权保护年度报告》评述［J］．出版广角，2019（19）：91－93．

大改进，但仍然不能彻底消除版权侵权现象。[1]

针对区块链技术的特征，在以下方面作出改进能够更有效发挥技术措施预防版权侵权功能：首先，对于上传至网络的作品要求进行版权登记，一方面可以确认版权客体资格，另一方面解决作者匿名而难以定位的问题；其次，对于完全透明的交易过程由专门机构进行监管，准确把握交易灵活程度；最后，不能完全依赖算法判定作品相似程度，毕竟版权作品之间是否具有实质性相似需要结合主客观共同认知，例如，两部作品之间具有审美意义的部分是否具有实质性相似，很难用算法计算得出准确结果。数字作品本身所固有的无形性、易于修改和便于传播本质，加上秩序混乱的网络环境，要求技术措施在应用实施的过程也要不断改进。作为版权法保护之外的重要补充手段，技术措施能够在一定程度上有效预防版权侵权行为发生。

第二节　3D 打印版权侵权的行政应对

随着 3D 打印和扫描技术的快速发展，从桌面 3D 打印机到具有 3D 扫描能力的苹果手机，在重塑制造业的同时冲击着版权法边界。为平衡 3D 打印社区和版权人之间的利益，减少两者之间的矛盾，避免重蹈电影和音乐产业覆辙，在现有版权框架下评估版权管理的选择和考虑其商业影响重要而且迫切。以行为

---

[1] 张冰清，李琳. 基于区块链技术的数字版权利益平衡［J］. 中国出版，2019（11）：23.

经济学为指导理论，根据3D打印社区现有的商业模式分析，结合上述版权侵权研究，能够最大限度减少大规模版权侵权，保护版权人利益，同时不限制版权作品流通，因此，建立作品中央存储库是明智的选择。

一、建立作品中央存储库的现实基础

（一）3D打印社区为作品中央存储库的雏形

3D打印技术已经存在三十多年，个人制造行为的普及将3D打印带入公众视野，也衍生出不同类型的3D打印社区。目前3D打印正在朝着主流技术方向发展，具体表现为：硬件价格下降、可打印设计（CAD文档）传播广泛、消费者友好型平台成倍增长以及用户的技术素养正在提高。[1] 作为3D打印生态系统组成部分之一，3D打印社区被称为“在线设计存储库”，供3D打印爱好者（包括专业与非专业人士）交换共享设计文档。[2] 以下对各个打印服务平台经营模式进行比较分析（见表5-1）。[3]

---

[1] Sarah Craig. Protection for Printing: An Analysis of Copyright Protection for 3D Printing [J]. University of Illinois Law Review, 2017 (1): 307-330.

[2] Rayna T. Open innovation, Co-creation and Mass Customization: What role for 3D printing platforms? [J]. Journal of Engineering and Technology Management, 2015, 37 (90): 105.

[3] Rayna T. Open innovation, Co-creation and Mass Customization: What role for 3D printing platforms? [J]. Journal of Engineering and Technology Management, 2015, 37 (90): 105.

表 5-1　CAD 文档主要分享平台

平台名称	简　介
Thingiverse	最流行的 3D 打印存储库，MakerBot 公司所有。自由上传和下载设计。收到最多媒介在 DMCA 方面的删除通知
Shapeways	领先的商业化网站，具有存储和按需打印功能。用户能够创建在线商店提供制作指令产品，Shapeways 提供打印并以最终产品形式快递给客户
Cuboyo	商业网站，提供用户生成 3D 对象快速下载。Cuboyo 收取售价的 30%，剩下的 70% 属于销售者
MakeXYZ	MakeXYZ 扮演 3D 打印机和想要打印对象的用户之间的中介角色，该网站使你能够"在你的邻居中找到制造者，他们准备帮你制造对象"
MyMiniFactory. com	混合免费和付费设计下载。该网站连接 iMakr，iMakr 在 2013 年 5 月在伦敦开设实体商店。提供按需 3D 打印和 3D 设计要求
Repables	免费、开放获取存储库，由 Gerrit Coetzee 建立。旨在成为一个非商业性替代选择的专有存储库
Fabster	3D 打印设计的展示盒，以流行的 Facebook 网页为基础。允许企业和艺术家展示他们的 3D 打印文件夹。不提供下载
Yeggi	该网站于 2013 年 4 月作为"元数据库"或聚合器推出，使制造商可以在上面列出的其他许多存储库中搜索设计

从这些主要的 3D 打印平台经营模式可知，其业务类型广泛，包括提供 CAD 文档设计、托管、定制、合作创建和外包创建，以及提供按需打印和其他定制制造服务。从个人 3D 打印发展可推知，由于最初 3D 打印产品在质量、种类和颜色选择上没有达到传统制造标准，所以传统制造商尚未将消费者 3D 打印视为威胁，个人 3D 打印发展速度较快。随着消费者 3D 打印稳步

提升以及3D打印优势凸显，越来越多的消费者选择在家里制造物品。[1] 借助上述平台提供的服务，用户在扮演生产型消费者角色的同时，还可以与公司共同设计和制造项目而成为共同创造者，由此带来新产品和服务的发展，甚至有助于低收入消费者通过经济发展融入全球市场。同样，消费者除了与公司共同制造之外，还可以使用3D打印技术与其他消费者共同制造产品。例如，通过上述在线平台分享他们的CAD设计文档，在视频共享网站分享创建CAD文档的经验等。在优越的创造环境之余，3D打印机也不需要消费者实际购买，发送到3D打印服务平台打印即可。因此，在个人3D打印层面已经形成可持续的交易系统。

从比较角度看各个打印平台采取的经营模式，其中并无统一的运营标准，3D打印网络服务平台具有绝对优势的议价能力。以提供免费开放共享的Thingiverse平台为例，消费者在成为网站用户之前需要注册，面对平台提供的格式合同，消费者只有接受与放弃两个选择，其使用条款具体规定为：

> 您特此授予，声明并保证您有权向公司及其关联公司和合作伙伴授予不可撤销的，非排他性的，免版税全额付清，全球性的许可，去复制、传播、公开展示和表演、准备演绎作品，结合其他作品，以及其他使用用户内容的行为，并授予前述内容的子许可。您同意

---

[1] Steenhuis H. J. Consumer additive manufacturing or 3D printing adoption: an exploratory study [J]. Journal of Manufacturing Technology Management, 2016, 27 (7): 990－1012.

不可撤销地放弃（并导致放弃）关于您的用户内容的任何精神权利或归属的主张和声明。(MakerBot)[1]

修改后的用户使用条款规定为：

通过将您的内容发布、上传、输入、提供或提交给 Thingiverse. com，即表示您授予 Thingiverse. com 及其关联公司和合作伙伴全球性、可撤销、免版税、非专有、可再许可的许可条款，以便为了在 Thingiverse. com 和其他网站，设备和/或平台上显示该内容，使用、复制和创建该内容的派生作品，对其进行传播、公开表演、公开展示、转移、传输和发布该内容。(2012 年沃尔特)[2]

这两份用户使用条款都倾向于将个人创建的 CAD 文档限制在 Thingiverse 平台，MakerBot 可以根据用户喜好任意使用上传文档将其合并到“封闭式”硬件产品，进而增加 3D 打印机销售量。[3] 从这两份用户使用条款也可以看出，Thingiverse 主张的免费开放共享其实与其他商业性平台并无二致。从 Thingiverse 对横向（用户之间）和纵向（MakerBot 与用户之间）开放共享之

---

[1] MakerBot. Terms of Use [EB/OL]. (2019 - 05 - 07) [2019 - 08 - 30]. http://www.thingiverse.com/legal.

[2] Walter 2012, The MakerBot/Thingiverse move to the Dark Side (Update), Hackerspaces Flux [EB/OL]. (2012 - 09 - 03) [2019 - 10 - 28]. http://blog.hackerspaces.org/2012/09/23/the - makerbotthingiverse - move - to - the - dark - side/.

[3] Jarkko Moilanen, et al. Cultures of sharing in 3D printing: What can we learn from the licence choices of Thingiverse users? [J]. Journal of Peer Production Issue #6 Disruption and the law, 2014, 6 (10): 10 - 29.

间的差异对待可以看出，该平台看似免费开放共享，实则遮掩为 MakerBot 销售3D 打印机提供有利信息。其他商业性3D 打印社区，对于用户在 CAD 文档上传、下载和分享方面分别设置了较为详细和全面的用户使用条款，甚至对 CAD 文档销售利润分成都设置了比例（如 Cuboyo 网站）。由此可以看出，各3D 打印社区已经形成较为成熟的商业经营模式，虽然所采取的具体措施各异，但基本上都是以3D 打印社区规范为交易指导准则，平台使用条款为交易门槛，一旦用户接受该平台的使用条款，网络平台就开始传播用户提交的文档。从整体上看，不同的3D 打印社区“各自为政”，分别形成独立的“作品池”。

（二）建立作品中央存储库是个人3D 打印市场的需要

承前所述，在当前的技术环境下，个人3D 打印只需要支付一定费用和具备基本的计算机知识即可拥有完全复制作品的能力。通过3D 技术持续转换和传播，用户从具有内部联系的市场参与者逐渐转变为分散网络环境下的个人制造者。[1] 这种转变意味着在版权侵权情形下，不再有具备经济实力的传播商和制造者作为中心起诉人，相反个人版权侵权行为广泛且难以追踪。以至于人们得出“3D 打印可能会带来比以前所有技术进步加在一起更多的版权复杂性”这一结论。[2] 伴随着消费者市场3D 打

---

[1] Jeppe Andersen. The Intellectual Property Implications of Consumer 3D Printing [J]. Department of Business Administration, 2014, 17 (3): 43 –45.

[2] Sarah Swanson. 3D Printing, A Lesson in History: How to Mold the World of Copyright [J]. SW. L., REV. 2014, 43 (10): 483.

印现象盛行，企业和个体版权人对版权侵权的担忧也逐渐增加。除个体侵权者承担法律责任存在困难，诉讼成本通常使版权人止步于维权。即使版权人选择承担此类费用并采取法律行动维权，也有可能因侵权行为人没有足够的支付赔偿能力而无法获得赔偿。因此，要确保版权侵权主张获得成功，三个关键性问题必须解决：侵权者身份、版权侵权证明和获得足以使诉讼有价值的损害赔偿金。[1] 版权人需要一个替代性框架，在该框架内版权人可以强制执行其知识产权而无须承担监控其知识产权的全部责任。

为有效解决 3D 打印技术造成的大规模侵权问题，必须找到一种解决方案，激励各方以合法且互利的方式合作。正如音乐行业面对 Napster 及其后续技术所带来的困难证明那样。在个人 3D 打印背景下解决用户大规模版权侵权，3D 打印社区主要采取了以下解决措施：在侵权行为发生之初，各 3D 打印社区尝试过知识共享许可，但 CC 非营利组织的本质注定其不能取代版权注册或者法定保护。同时用户上传的许多 CAD 文档并不是他们自己创作的，而是侵权作品，这种情况下的知识共享许可一开始就是无效的。[2] 另外，法律没有明文规定网络服务提供商负有侵权审查义务，因此知识共享许可可以适用于侵权内容而出现本末倒置现象，即知识共享许可制度没有保护真正版权人的利益，

---

[1] 宋智慧. 3D 打印对版权制度的挑战［N］. 光明日报，2015－10－23（010）.

[2] 陈婧. 数字化背景下复制权保护的困境及法律创新思路［J］. 图书馆，2017（4）：54－57.

反而为侵权者提供“保护”进行后续侵权。[1] 根据知识共享许可的要求，许可作品的侵权人将被误认为版权人，而真正的版权人却没有简便易行寻求追索权的途径，相反，CC 指示“版权人”联系托管侵权内容的网站/服务机构，理由是该网站或者服务机构拒绝托管 CC 搜索提供内容。由此看来，这些知识共享许可不是阻止侵权活动，而是给侵权者提供某些表面保护措施，并且没有解决这些许可是否有效及合适的问题。这表明，在知识共享许可源头作品侵权的情况下，该许可制度的实施弊大于利。一方面，CC 作为非营利机构，没有有效的监管机构；另一方面，CC 机构没有义务和能力在拥有海量作品的互联网中准确识别作品侵权与否。

颠覆现有规则或者游说额外立法不成立的情况下，在现有法律体系内提出解决方案限制侵权活动有所突破。利用专利技术阻止侵权比较常见，例如，迪士尼公司获得一项反扫描反光材料的专利，原理是该材料可以防止对流行角色和小雕像的扫描。[2] 最终该项专利技术没有获得普及，同时也给版权所有人带来额外的负担，至少在个人 3D 打印层面，该专利的适用既不实际也不经济。相比较而言，孩之宝（Hasbro）采取合作共赢的方式，与 Shapeways 打印社区合作利润分享，旨在创建和销售

---

[1] 刘俊，齐爱民. CC 许可协议的国际化争议及中国化制度兼容性解析［J］. 江西财经大学学报，2016（1）：120－128.

[2] Corey Clarke. Disney Publishes Patent for Anti－Scanning Filament 3D Printing Method［EB/OL］.（2017－06－12）［2019－08－27］. http：//3dprintingindustry.com/news/disney－publishes－patent－anti－scanning－filament－3d－printing－method－115659.

3D 艺术家设计的 3D 打印 My Little Pony 小雕像，双方的合作在顺应 3D 打印技术革命的同时，保护知识产权的方法受到欢迎。[1]但此种合作仅限于大型交易平台，孩之宝并不愿意将许可权释放到个人手中，所以最终受益者也将不会是个人 3D 打印用户。迪士尼和孩之宝公司拥有绝对资源和市场力量，其竞争能力有目共睹。而版权保护在于为各种规模的公司或者个人激励创新和创造力，所以并不是普遍适用的解决方案。

DMCA 设置的"通知—删除"制度是目前比较常见的纠纷解决方案，在 3D 打印版权侵权发生时基本上都是版权人向网络平台发送侵权通知，然后网络服务平台删除"侵权作品"，最后纠纷解决。[2] 适用该机制的前提是版权人必须自己识别、定位并向网络平台发送通知，或者付费委托代理机构，这些都会给版权人带来巨大的成本。避风港原则明确规定网络服务提供者在接到删除通知时，只要立即断开链接作出回应即可免责。如前所述无效知识共享情形一样，并非所有删除通知都是正确的，因为发布通知并不一定意味着存在可行的版权主张。虽然 DMCA 对此设置"反通知"规则，但中间的时间成本和经济成本足以使版权人望而却步。当前面临的现状为：版权人维权的经济成本高，网络服务提供者能够轻易免责，并且不承担版权审查义务，在此情形下，"通知—删除"制度仍然没有从根本

---

[1] Duann. Hasbro & Shapeways Enable 3D Printing Fan Art with SuperFanArt [EB/OL]. (2014 - 07 - 21) [2019 - 03 - 21]. http: //www. shapeways. com/blog/archives/16759 - hasbro - shapeways - enable - 3d - printing - fan - art - with - superfanart. html.

[2] 洪婧. "通知—删除"规则的区别适用 [J]. 人民司法, 2018 (4): 62 - 65.

上解决侵权问题，反而成为经济实力雄厚主体的制度工具。❶“通知—删除”制度发挥作用越来越有限，但是从该项制度运行过程来看，网络服务提供者在整个侵权过程中扮演着重要角色，至少对于争议作品、争议侵权行为人具有快速识别和定位的能力。

二、行政干预作品中央存储库的可行性方案

（一）作品中央存储库的具体设置

通过文义解释可知，作品中央存储库，是用来存储海量CAD文档，作为中心资源分配的机构。该存储库与美国设置中心机构——国家增材制造创新研究所统一管理和分配3D打印资源，避免局部发展、技术路线重叠等阻碍技术进步现象发生的原理一样。❷从设置目的上看，作品中央存储库旨在通过建立受版权保护的CAD文档数据库，降低大规模版权侵权现象，实现资源公平分配，平衡参与各方利益。

作品中央存储库主要有以下两个方面特点。第一，作品中央存储库承担作品间是否侵权的检测义务。具体表现为用户将作品CAD文档提交至在线检测侵权的中央存储库，旨在从源头

---

❶ Charles Cronin. Possession is 99% of the Law：3D Printing，Public Domain Cultural Artifacts and Copyright［J］. Minn. J. L. Sci. & Tech.，2016，17（10）：712－723.

❷ Y. C. Huang，et al. Analysis on the Mystery between China's Deindustrialization and U. S. Reindustrialization：Based on the Interactive Externality between Services and Manufacturing［J］. China Industrial Economics，2013，3（7）：10－17.

上把握作品版权的真实性，方便后续知识共享或者删除通知的有效运用。第二，作品中央存储库中用户通过算法获取 CAD 文档作品，与前述区块链中算法方法类似。优点在于算法检测方便快捷，能够迅速检测上传或者下载的文档与存储库中版权保护作品是否具有足够的相似性，在确定相似性的情况下向版权人发送警报，版权人自己评估涉嫌侵权文档并决定是否发送通知删除。

从中央存储库的具体设置来看，其弥补了已有纠纷解决办法的不足。首先，中央存储库能够发挥版权登记功能，通过对比扫描版权作品侵权与否认定版权客体资格；其次，中央存储库发挥筛查检测功能，确认作者身份，保证作品合法有效，弥补知识共享机制中许可作品本身为侵权作品的漏洞，也可以极大地降低“删除通知”的错误概率；最后，当作品中央存储库运行良好、正常发挥制度功能时，可以降低版权侵权概率，类似于迪士尼、孩之宝等大型经济实体在主观意愿上不会排斥授予消费者群体版权许可，毕竟消费者获得版权作品也可以极大节省公司的广告宣传费用，实现双赢。

作品中央存储库并不是一个新概念，优兔（YouTube）网站早已实施类似措施来管理网站内部作品。具体表现为优兔允许版权人向数据库提交音频和视频作品，随后将每个上传的音视频与数据库中的作品进行比价，确定上传音视频是否包含他人版权作品部分；如果发现侵权内容，优兔向版权所有者发出如何继续操作的指示，提供可选择方案，包括屏蔽音视频、跟踪观看次数统计信息或生成与上传者共享的广告收入。[1] 该模式成功的关键在于：网络服务提供商能够主动监控并积极处理侵权行为。[2] 优兔的母公司谷歌公司具有强大的搜索功能和庞大的数据规模，有能力并且能够实施有效监管。同样，作品中央存储库拥有受版权保护的CAD文档数据库，能够像谷歌公司一样提供强大的搜索功能，具备在传播CAD文档之前进行检索筛查的能力。作品中央存储库作为版权人和网络服务平台的中介，既可以有效减少版权侵权行为，又不会给双方带来过重的负担。目前需要解决的关键问题在于作品中央存储库的创建主体。

（二）版权行政部门设置中央存储库管理机构

建立中央存储库固然能够从理论和实践上有效预防版权侵权，然而客观阻力也显而易见，目前最大的难题是作品存储库的创建主体——政府、第三方或者财团。可以预见的是，一旦作品存储库建立完成，删除通知数量将会激增，在线网络服务提供商必然会采取相应措施解决网站传播侵权内容的问题。在极大减轻版权人独立搜索其作品侵权用途负担的同时，该行为也向侵权者发出非法共享受监视的信号，对侵权行为人起到震慑作用。由此根据在线网络服务商在中央存储库中所起的作用以及当前的平台经营模式，以谷歌网络平台为例，分析创建中

---

[1] How to manage your copyrights on YouTube：How Content ID Works［EB/OL］.（2018－10－12）［2019－10－30］. http：//support. google. com/youtube/answer/2797370？hl = en.

[2] 陈灿平，宋一平. 我国避风港规则存在的问题与完善建议［J］. 天津法学，2019（3）：16.

央存储库的主体为网络服务提供商的可行性。

首先，从经济效益角度出发，网络服务提供商既然从作品交易活动中获取经济利益，就有责任承担义务，同时作为与作品直接接触的平台，具有建立中央存储库的天然优势。Thingiverse 作为 MakerBot 公司 3D 打印生态系统的核心平台，全球最大的在线 3D 打印社区，是用户提交设计文档数量最多的存储库，用户无须付费即可访问，也没有托管外部广告。但对 MakerBot 公司而言，它的商业价值在于通过为用户提供一种免费、简便的方法来寻找可以在家打印的设计增加打印机销售的价值，因此，3D 打印服务网站从文档交易中获益，无论是直接或是间接，都是无可争议的。

其次，网络服务平台具有控制作品的能力。从场所管理者角度而言，网络服务平台是用户之间分享 CAD 文档的集中所在，托管作品更像是被管理的商品，用户分享行为受“场所内规则”限制。从作品托管形式和平台存储功能上看，网络服务平台符合作品“中央存储库”的要求。从控制能力角度出发，网络服务提供者与用户签订平台使用协议，协议内容是完全由网络服务提供者拟定的格式条款，用户只能选择接受方可注册成功进行文档分享，因此，网络服务提供者对“用户身份”识别具有天然优势。

最后，网络服务提供者作为“中央存储库”的创建主体，也是现代著作权法对网络服务提供者承担应尽义务的希望。美国作为 DMCA 发起国，随着避风港规则在案例适用中失灵，法院以各种替代责任规则取代避风港规则适用，本质在于增加网络服务提供者的版权审查义务。[1] 在学术界和司法界增加网络服务提供者版权审查义务逐渐达成共识的背景下，与其被动承担，不如主动接受，网络服务提供者可以在建立“中央存储库”的过程中向版权所有者收取一定的管理费用。有鉴于此，网络服务提供商发起建立“中央存储库”，一方面可以更好地激励自身采取行动监管并解决侵权问题，另一方面网络服务提供商本身具有的优势可以极大地节省建立中央存储库的成本，省略中间环节，有效减少侵权活动。固然，网络服务提供商是建立中央存储库的优秀人选，但在避风港规则的长期庇护下，连版权审查义务都不承担的网络服务提供商很难建立作品中央存储库，其中的阻力不言而喻。尤其是各网络服务平台采取的商业模式不尽相同，经营理念差异较大，利益分配很难均衡。

回顾我国大规模网络版权侵权时期，国家版权局联合其他行政部门展开“剑网”行动，疾风骤雨式的执法虽治标不治本，但成效颇为显著。在侵权信息获取方面，国家版权局联合其他部门发布“举报奖励”文件，并针对举报行为设置不同程度的奖金额度作为激励，[2] 可见国家版权局在解决大规模版权侵权方面经验丰富。设想，如果国家版权局成为创建作品中央存储库的主体，其可行性如何？首先，从工作职能上看，版权局是国务院下设的著作权行政管理部门，负责全国作品的版权管理，所以版权局有创建作品中央存储库的义务；其次，版权局设有

---

[1] 崔国斌. 网络服务商共同侵权制度之重塑［J］. 法学研究，2013（4）：139.

[2] 谢晓尧. 著作权的行政救济之道——反思与批判［J］. 知识产权，2015（11）：7.

作品登记机构，有利于 CAD 文档确定作品类型，初步过滤非版权内容；最后，根据《著作权集体管理条例》第 5 条规定，国务院著作权管理部门主管全国的著作权集体管理工作，并没有将权力下放给其他组织或个人。版权局作为著作权集体管理组织的监管部门，有责任管理并监督版权管理工作。当版权作品集中到中央存储库，著作权集体管理组织正好发挥管理职能。涉及创建作品中央存储库的财政支持，不同于网络服务提供平台可以从作品交易中获利，版权局需要提供财政支持；从另一个角度看，版权局作为中立的管理机构，能够更好地发挥行政管理职能，不会被利益驱使而有失偏颇。[1]

版权局作为创建作品中央存储库的主体，面临在行政处罚中遇到的相同问题，即“查处侵权”的制度成本。3D 打印作品版权侵权造成的实际损害很难评估，而且有时候 3D 打印行为是在为版权人进行宣传，出现粉丝作品效果，版权人对侵权的容忍会加大侵权发现难度。截至 2022 年，全国“剑网”行动已经开展 18 次，每次都是针对视频、音频和网游动漫等经济发展较快的领域。一方面，该领域侵权行为比较集中；另一方面，该领域行政处罚比私权救济更有优势。查处侵权意味着事后处罚，堵不如疏，可以将重点放在事前预防阶段。严格把握作品存储库中 CAD 文档的版权客体资格与具体类型，鼓励知识共享制度运用，实现作品中央存储库的设置目的。

有鉴于此，通过比较分析，版权局作为行政部门更适合成

---

[1] 王立新，王之晓．版权行政保护的边界及其与司法保护的衔接论［J］．出版广角，2019（19）：34－36.

为作品中央存储库的创建主体，此举能够最大限度地减少版权侵权。在此基础上，3D打印社区和版权人应该建立行业行为规范，加强自我监管和减少侵权活动，而不是完全依靠事后救济。

第三节 3D打印版权侵权预防的建议

上述两节分别介绍著作权法和著作权行政管理部门在应对3D打印版权侵权时应该采取的具体措施，其中个人3D打印尚未形成数字音乐产业规模，很多问题没有能够在案例中得到及时反馈。因此，在加强事后救济措施的同时，还应该同时制定相应政策，推动3D打印产业发展，增加3D打印产业市场经济份额。

一、3D打印商业模式探索

立足3D打印产业全方面发展现状，打印材料种类不断增加，金属线材、改造钢材料等已经可供打印；[1] 打印应用领域不断扩宽，手办等新兴行业纳入3D打印技术，而已经实施3D打印技术的产业进一步拓宽打印物品种类。例如，医学上有促进马骨再生的支架，精密测量行业有学者自制的3D打印测针等；打印技术不断提高，打印精细程度、打印速度都得以显著提升，

[1] 郭雷明，李博，尚宇. 用于3D打印的轻量化材料研究［J］. 化工管理，2019（34）：65－67.

例如，3D 打印太阳能电动车已经计划投产，智能手机连接 3D 打印机能够在一小时内打印定制耳机，等等。3D 打印机种类也不断增加，液晶 3D 打印机已经计划用于工业生产，包括消费者 3D 打印机从机型和价格都在朝着家庭普及方向发展。相较于如火如荼的 3D 打印产业发展，版权领域侵权纠纷缺乏类型化案例，争议不断且无法达成一致观点，不能使权利人形成稳定预期。在缺乏权威案例指导的情况下，可以尝试利用技术作用、市场规范和体系结构结合进行相关调节。从该角度出发，社会规范、经济考虑、政治影响以及其他因素都会成为法律应用过程中重要的考察因素，正如有学者提到法律不是人类行为唯一的调节因素，法律规则的有效性衡量也必须考虑其他事实。技术解决办法被提上议事日程就是人们对寻求其他途径实现 3D 打印规制的最好体现。其中关于 3D 打印商业模式讨论较多的主要有流服务和数字商店，这也是借鉴当下音乐文档共享保护的结果。❶

分而述之，3D 打印流服务主要采用 Netflix 和 Spotify 两种模式，上文提到的 3D Priter OS 当前采用流服务管理平台 3D 打印 CAD 文档分享，用户面对自己心仪的文档可自由选择下载或者流服务。版权人能够限制 3D 打印件数量并从每一个打印件中获益，相应的消费者为高质量和真实的“点击打印”产品支付费用。如果出现失误，消费者向版权人发出通知可获得“二次流传输”服务。Netlfix 经历了从按次付费到固定月租模式，世界

❶ P. M. SEPP, et al. Intellectual property protection of 3D printing using secured streaming [J]. The future of Law and eTechnologies, 2016, 23 (2): 81 - 109.

范围内的家用3D打印产品，价格低廉的订阅配合流服务，结合在一起会使消费者对盗版文档失去兴趣。此外是3D数字商店，模仿iTunes商店模式，iTunes作为首个大型音乐服务商，其成功的商业经营模式有目共睹。[1] 3D数字商店为文档共享提供了模板，在3D打印发展过程中，很多3D打印公司意识到模板的作用，纷纷参考“3D打印的iTunes模式”。[2]

从理论上来讲，上述两种商业模式具有可行性，但根据3D打印产业现状，目前这两种商业模式成功概率非常小。为了更加具有直观性，从管理学角度来分析出现这种现象的原因，为3D打印产业商业模式的建立扫清障碍。3D打印服务平台、3D打印工作室作为其所在范围内的“管理者”，涉及相关市场而具有竞争关系。通过对比分析规模较大的3D打印公司经营模式，其差异相当明显，如资源分配不均，3D打印网站CAD文档质量参差不齐。此处所指质量，并不是一般意义上的商品使用性能，而是指CAD文档作为商品的交换价值。承前所述，任意物理对象都可以制成相应CAD文档，但3D打印网络服务平台更多是为业余爱好者、家庭用户等一般消费者而设。相较于传统产品制造供应商，3D打印服务平台的用户专业能力有限。其产品设计参差不齐，因此，绝大多数CAD文档是根据现有产品改编而来，交换价值受到限制。随着3D打印技术的不断成熟，稍晚成

---

[1] Troxler P, Woensel C V. How will Society Adopt 3D Printing? [M]. Virginia: T. M. C. Asser press, 2016: 183 -212.

[2] S. Castell Anos. Somerville's Formlabs acquires ' iTunes for 3D printing's startup [EB/OL]. (2016 -05 -21) [2019 -07 -23]. http: //www. bizjournals. com/boston/blog/startups/2016/05/somervilles - formlabs - acquires - itunes - for - 3 - d. html.

立的 MakerBot 开始设立“MakerBot Digital Store”，追求高质量 CAD 文档销售。与 UGC 不同，该平台销售“高质量”CAD 文档，由专业家用产品设计团队制作而成。3D 打印社区 Pinshape 另辟蹊径，既承担文档存储库功能，一般用户又可以分享设计，同时还与专业设计人员合作“高质量”文档。根据3D 打印平台不断增加服务功能的趋势，试图向提高 CAD 文档“质量”努力，其发展路径与苹果 iTunes 商店类似。

3D 网络服务平台竞争秩序混乱，对 CAD 文档下载是否收费标准不一。以 Thingiverse 为代表的 UGC 网站，鼓励通过知识共享许可免费分享文档，以 MakerBot 为代表的追求高质量 CAD 文档平台鼓励销售。[1] 与成熟完善的传统减材制造不同，CAD 文档销售市场定价机制尚未形成，商品价值预估不准。3D 打印产业中 CAD 文档承载着物理产品价值，但对两者之间具体如何衡量并无相关讨论。从以劳力士手表为原型设计的 CAD 文档定价可知，文档和实物产品之间差异巨大，但如何把握界限太过模糊。这就造成定价市场混乱，过低或过高评价商品价值。虽然目前 3D 打印交易市场有待成熟完善，但并未妨碍 3D 打印服务平台希望建立新商业模式的脚步。同 iTunes 发展类似，3D 打印网络平台也开始寻求企业合作，尤其是在部分用户制作并打印电视剧中人物形象带来版权纠纷之后。正如苹果公司与大型唱片公司达成许可协议，便于向用户提供音乐文档一样，3D 打印网络平台与企业达成许可协议，为用户创作 CAD 文档提供极大便

[1] Mark P. McKenna, Lucas S. Osborn. Trademarks and digital goods [J]. Notre Dame Law Review, 2017 (92): 1429.

利，实现多方共赢。3D打印铁王座案例很好地印证了这一点，铁王座CAD文档创作者Sosa寻求与HBO公司达成许可协议遭到拒绝，只能放弃对HBO系列电视剧中各个角色CAD文档的制作。[1] 与此同时，Shapeways与Hasbro达成许可协议，明确规定双方利益分配，单个消费者无须亲自谈判即可进行相关3D打印，实现资源有效分配。[2] 相对于个人，在经济实力和商业信誉方面，3D打印平台更容易获得企业授权许可。

有鉴于此，3D打印服务平台绝大多数采取免费下载商业模式并不是一成不变的，而是基于CAD文档“质量”参差不齐无法正确定价，类似劳力士、苹果等大型企业创作的CAD文档可根据相关产品市场价格作出预估，但消费者个人创作的CAD文档短时间内无法达成统一定价标准。即使如此，3D打印网络平台也在努力实施新的商业模式，从增加CAD文档制作的专业性到积极与企业达成版权许可协议等努力，都在为新商业模式适用创造环境。

二、普及知识产权强国教育

与美国大规模数字音乐盗版现象不同，我国数字音乐盗版

---

[1] Nathan Hurst, HBO Blocks 3D Printed Games of Thrones iPhone Dock, WIRED [EB/OL].（2013－02－13）[2019－07－28]. http://www.wired.com/2013/02/got－hbo－cease－and－desist.

[2] Mike Sense. Hasbro and Shapeways Expand Partnership, Allow Fans to Sell Transformers Fan Art and More [EB/OL].（2014－08－24）[2019－07－28]. http://makezine.com/2014/08/25/hasbro－and－shapeways－expand－partnership－allow－fans－to－sell－transformers－fan－art－and－more/.

并不常见，原因在于音乐分享机制差异。我国网络数字音乐一直采取免费获取模式，近些年才尝试数字音乐付费使用但仍未普及。除了分享人口红利这一因素外，我国对知识产权保护意识比较淡薄，这一点从版权侵权损害赔偿数额普遍偏低可以判断出来。❶

从知识产权保护意识角度出发，作为发展中国家，我国知识产权保护力度不够，配套知识产权制度未能有效执行，导致一些侵权现象屡禁不止。因此，制定知识产权教育政策，从思想上抓起，能够在源头上有效预防并减少知识产权侵权现象。我国教育部 2017 年颁发的《中小学综合实践活动课程指导纲要》（教材〔2017〕4 号）虽然将知识产权纳入小学生教育课程，但只是强调以“综合实践”活动形式出现，在重视程度上仍然有所欠缺。从 2017 年颁发该纲要至今，小学生知识产权教育大多出现在北京、上海、广州、深圳等经济发达城市，且尚未普及，所以知识产权教育任重而道远，需要加大普及力度。

三、建立协同创新平台实现资源合理分配

我国 3D 打印技术落后于美国，技术应用领域也相当有限。但这并不意味着没有必要从全局出发制定相应政策。相反，在技术发展初期制定全面和翔实的扶持政策，更有利于鼓励和推

---

❶ 王秀翠．高校大学生知识产权意识培养与保护研究［J］．智库时代，2019（49）：52－53．

动3D打印技术的快速发展。[1] 从产业全体布局、政策规划角度，可以借鉴美国设立“国家制造业创新网络研究中心”的经验，旨在促进中国先进制造业结构的系统化建设和区域产业的合理布局。根据全球先进制造业的发展趋势和科学技术变革的总体方向，应根据区域资源和产业优势进行统筹安排和协调，并应加强政府对结构调整和区域布局的指导，实现资源合理分配，促使整个3D打印产业健康有序发展，同时避免区域工业市场、政策应用或无序的大规模发展同质化。

协同创新平台的建立应立足本国国情，以区域企业为创新主体，以区域内高校和研究所为合作伙伴，政府作为传播者和协调者，发起建立区域协同创新网络。[2] 作为创新主体的区域企业，具有较强的创新动力和市场运作能力，研发、设计、生产和销售方式更有利于3D打印技术的推广和应用。区域高校和研究所可以通过加强工程技术中心、工程基地和重点实验室的建设，开展重大科技项目和重大产业创新项目，集合行业知识、技术、人才、资金和政策等要素，通过合理分工，立足区域产业政策和布局，根据当地情况进行科学分配和安排。在此基础上，政府可以改善公私伙伴关系（PPP）和产学研合作（IUR）模式，调整当地的空间分布和资源分配，提高资源利用效率。

---

[1] Hao Huang, Guohong Wang. Comparison Study on the Industrial Policies of Additive Manufacturing in U. S. and China [J]. International Conference on Industrial Economics, 2016 (39): 35.

[2] 孙帆. 战略性新兴产业创新系统协同创新机理 [J]. 技术与创新管理, 2019 (6): 673-676.

四、建立国际合作机制实现增材制造技术转移

美国 3D 打印技术发展起点高、速度快，无论是从应用领域范围还是相关扶持政策角度而言都比我国成熟。我国后来居上，在 3D 打印专利数量上与美国不相上下，但真正高质量专利寥寥无几。[1] 因此，我们应该前瞻性分配核心技术的研发成果，积极参与国际标准的修订，并推动国内标准的建立，以确保关键领域的技术突破，譬如特殊材料、关键技术和核心设备。学界与企业应适当整合，充分利用长期研究平台。

我国长期实行产学研合作模式，在政策制定方面也可以作出类似探索，鼓励国内研究单位与国内外企业合作。为更好促进 3D 打印技术的技术转移，应鼓励参与市场竞争和产业化运营的核心技术研究团队。我国政府应积极引导和选择技术条件成熟的研发机构，以支持其市场运作，并在探索重要领域、促进合理利用投资和优化分配其他资源因素的基础上，进行多元化的市场投资。[2] 我国政府应从根本上提高工业化程度、产业规模和发展潜力，并在产学研合作模式基础上，促进产业技术创新体系建设。此外，通过各个产业、高校、科研机构以及政府共同努力，可以优化以核心创新技术为驱动力的发展路径，增加

---

[1] 刘鑫，余翔．3D 打印技术对专利实施的潜在挑战与对策思考 [J]．科技进步与对策，2015 (10)：105.

[2] 侯俊东，孙琳琳．湖北省产学研合作效率测度及其演变特征——基于多元主体的评价框架 [J]．科技管理研究，2019 (22)：85 - 87.

对具有前瞻性技术的投资，在研究通用关键技术方面进行合作，积累未来的竞争优势并实现目标。

本章小结

3D 打印作为制造技术，给社会带来的影响和挑战是多方面的。社会规范、经济考虑和政策影响以及如何适用法律等方面都是在发展 3D 打印技术时不可避免会遇到的问题。看似独立的问题之间相互关联、彼此促进。法律层面，主要分析版权法对 3D 打印技术引起的版权侵权判定问题，解决客体资格、责任承担、合理使用等问题。技术措施层面，着重研究 DRM、区块链技术在解决版权侵权问题上的适用。最后在 3D 打印产业政策制定层面，以技术发达的美国为例，通过比较分析政策制定差异、版权侵权预防方案，对我国在 3D 打印技术公共政策制定从产业结构和布局、产业技术和组织以及产业金融和政策支持三个方面作出补充。

第六章　结　　论

3D 打印给著作权法带来的挑战，并没有突破既有规则的调整范围，而是对法律解释提出挑战。在版权客体类型方面，CAD 文档和打印物虽然没有完全符合法定作品类型规定，但从体系解释角度出发，根据 CAD 文档内容和打印对象物理表达，符合广义图形类作品。或者根据著作权法兜底条款，以直接认定其为著作权保护客体，但不指明客体类型来提供著作权保护。除这两种解决方式之外，在著作权法条中明确增加“实用艺术作品”类型也是解决办法之一。这样既可消除我国著作权法对国内外“实用艺术作品”保护差别对待的争议，又可以免去扩大解释作品内涵的程度把握，同时实用艺术作品版权保护期限明显短于八种法定作品类型保护期限，符合人们对 3D 打印作品生命周期短暂的心理预期。至于作品独创性问题，则是著作权法长期以来处于争议中的问题，并不是 3D 打印的独有现象。根据以往的司法实践经验，独创性门槛一般很低，只需证明作者具备“一定程度智力投入”即可。因此，满足独创性的3D打印CAD文档和打印物属于版权保护对象。

3D打印技术突破“字节”和“原子”障碍，颠覆“物理对象的数字版本仅仅是物理对象前身”这一观点，直接上升到“物理对象与其数字化版本具有同一性”，增加了3D打印参与主体直接侵权的行为类型。3D打印间接侵权行为的界定，因为服务提供商所提供服务类型与作品交易过程中所扮演的角色不同呈现复杂化趋势。DMCA避风港规则属于舶来品，相应配套制度在我国并未完善，与其生搬硬套，不如直接使用共同侵权一般侵权判定规则来认定间接侵权行为。避风港“通知—删除”规则可以作为权利人在不借助司法资源的情况下快速有效地解决侵权纠纷的办法。因此，3D打印直接侵权和间接侵权，都可以使用一般侵权规则判断。最后，关于版权合理使用制度，应回归“三步检验法”，将“转换性使用”判断解释为规则应有之意，作为3D打印作品使用合理的判断方法。

本书主要关注个人制造层级（消费者市场）的3D打印，分析个人3D打印生态系统中的法律关系，包括技术（3D打印制造过程和传播方式）和社会动态（生态系统中各参与主体之间的法律关系）。通过理论和实证分析，在版权制度背景下分析消费者3D打印行为。本书研究的技术前提为3D打印可以轻易实现传播成本为零的状态。个人3D打印是促进创造力和创新的生态系统，各参与主体相互配合完成整个系统运行，其中版权的作用虽有争议但至关重要。从相关实证研究中可知，消费者3D

打印社区创造能力强，以协作创新和开放共享为基础，呈现蓬勃发展之趋势。这种创造性系统依赖对源文档授权或未授权的访问，并且需要通过在线平台促进文档共享、共同创造和同行生产。从传统知识产权角度出发，共享平台数字文档的获取会给信赖知识产权制度的版权人和企业带来风险，因为他们的产品被非法复制、传播和以分散的方式生产。目前，3D 打印技术受制于打印尺寸、精度和打印材料种类，限制了消费者可以使用 3D 打印机制造家用产品的类型，因此，版权挑战局限在特定行业、部门和商品。

有鉴于此，当下 3D 打印技术尚未形成如数字音乐文档非法共享之规模，但 3D 打印技术潜力无限，国家积极推动 3D 打印技术发展，政府及其相关部门出台多项政策支持文件，产学研合作模式也为技术发展提供有力支撑，3D 打印技术取得跨越式发展指日可待。事实证明，3D 打印技术发展越成熟，个人 3D 打印市场就越开阔，版权侵权现象将呈现规模发展趋势。因此，本书力图解决版权侵权不确定性问题，给个人 3D 打印行为提供确定性指引。

参考文献

中文参考文献

一、著作类

[1] 程啸. 侵权责任法教程 [M]. 3 版. 北京：中国人民大学出版社，2017.

[2] 陈锦川. 著作权审判——原理解读与实务指导 [M]. 北京：法律出版社，2014.

[3] 车辉，李敏. 侵权责任法理论与实务 [M]. 北京：中国政法大学出版社，2012.

[4] 伯恩·魏德士. 法理学 [M]. 丁晓春，吴越，译，北京：法律出版社，2013.

[5] 保罗·特罗特. 创新管理和新产品开发 [M]. 吴东，译，北京：中国人民大学出版社，2015.

[6] 布拉德·谢尔曼，莱昂内尔·本特利. 现代知识产权法的演进——英国的历程（1760—1911）[M]. 金海军，译，北京：北京大学出版社，2012.

[7] 崔国斌. 专利法：原理与案例 [M]. 北京：北京大学出版社，2010.

[8] 崔国斌. 著作权法：原理与案例 [M]. 北京：北京大学出版社，2014.

[9] 戴国家. 跨越时空：媒体的发展与科技推动 [M]. 武汉：湖北教育

出版社，1999.
[10] 范长军. 德国专利法研究 [M]. 北京：科学出版社，2010.
[11] 德国著作权法（德国著作权与邻接权法）[M]. 范长军，译. 北京：知识产权出版社，2013.
[12] 雷炳德. 著作权法 [M]. 张恩民，译，北京：法律出版社，2005.
[13] 冯晓青. 企业知识产权战略 [M]. 北京：知识产权出版社，2008.
[14] 冯晓青. 知识产权利益平衡轮 [M]. 北京：中国政法大学出版社，2006.
[15] 管育鹰. 知识产权法学的新发展 [M]. 北京：中国社会科学出版社，2013.
[16] 何炼红. 工业版权研究 [M]. 北京：中国法制出版社，2007.
[17] 胡迪·利普森，梅尔芭·库曼. 3D 打印——从想象到现实 [M]. 赛迪研究院专家组，译，北京：中信出版社，2013.
[18] 胡康生. 中华人民共和国著作权法释义 [M]. 北京：法律出版社，2002.
[19] 胡开忠. 知识产权法比较研究 [M]. 北京：中国人民公安大学出版社，2004.
[20] 金岳霖. 知识论 [M]. 北京：商务印书馆，1996.
[21] 孔祥俊. 网络著作权保护法律理念与裁判方法 [M]. 北京：中国法制出版社，2015.
[22] 李琛. 论知识产权法的体系化 [M]. 北京：北京大学出版社，2005.
[23] 李明德，管育鹰，唐广良.《著作权》专家建议稿说明 [M]. 北京：法律出版社，2012.
[24] 李明德. 美国知识产权法 [M]. 北京：法律出版社，2014.
[25] 李明德，黄晖，闫文军. 欧盟知识产权法 [M]. 北京：法律出版社，2010.

[26] 李德成，杨安进．著作权：战略管理诉讼［M］．北京：法律出版社，2008.

[27] 李扬．知识产权基础理论和前沿问题［M］．北京：法律出版社，2003.

[28] 李祖明．互联网上的版权保护与限制［M］．北京：经济日报出版社，2003.

[29] 李响．美国版权法：原则、案例及材料［M］．北京：中国政法大学出版社，2004.

[30] 刘春田．知识产权法［M］．4版．北京：高等教育出版社，2011.

[31] 刘强．3D打印与知识产权法［M］．北京：知识产权出版社，2017.

[32] 刘德良．网络时代的民法学问题［M］．北京：人民法院出版社，2004.

[33] 卢海君．版权客体论［M］．2版．北京：知识产权出版社，2014.

[34] 梁志文．技术措施版权保护：立法现状、制度冲突与解决［M］．北京：中国方正出版社，2001.

[35] 迈克尔·波特．竞争论［M］．刘宁，高登第，李明轩，译，北京：中信出版社，2012.

[36] 孟祥娟．版权侵权认定［M］．北京：法律出版社，2001.

[37] 彭立静．伦理视野中的知识产权［M］．北京：知识产权出版社，2010.

[38] 彭学龙．数字网络环境下的复制与复制权——兼论数字版权法的重构［M］//梁慧星．民商法论丛，第32卷，北京：法律出版社，2005.

[39] 企业知识产权战略与工作实务编委会．企业知识产权战略与工作实务［M］．北京：经济科学出版社，2007.

[40] 史尚宽．民法总论［M］．北京：中国政法大学出版社，2000.

[41] 孙英伟. 数字技术时代——私人复制的困境与出路 [M]. 北京：知识产权出版社，2015.

[42] 沈仁干. 数字技术与著作权：观念、规范与实例 [M]. 北京：法律出版社，2000.

[43] 汤宗舜. 著作权法原理 [M]. 北京：知识产权出版社，2005.

[44] 唐珺. 企业知识产权战略管理 [M]. 北京：知识产权出版社，2012.

[45] 田村善之. 日本知识产权法 [M]. 周起，李雨峰，李希同，译. 张玉敏，审校. 北京：知识产权出版社，2011.

[46] 王春玉，傅浩. 玩转3D打印 [M]. 北京：人民邮电出版社，2014.

[47] 王迁. 论网络环境下复制权的适用 [M]. 北京：北京大学出版社，2000.

[48] 王迁. 网络版权法 [M]. 北京：人民大学出版社，2008.

[49] 王迁，王凌红. 知识产权间接侵权研究 [M]. 北京：中国人民大学出版社，2014.

[50] 王运赣，王宣. 3D打印技术 [M]. 武汉：华中科技大学出版社，2014.

[51] 吴汉东. 知识产权基本问题研究（分论）[M]. 北京：中国人民大学出版社，2009.

[52] 吴汉东. 著作权合理使用制度研究 [M]. 北京：中国政法大学出版社，1996.

[53] 吴汉东，胡开忠. 无形财产权制度研究 [M]. 北京：法律出版社，2005.

[54] 吴怀宇. 3D打印：三维智能数字化创造 [M]. 北京：电子工业出版社，2015.

[55] 吴伟光. 数字环境下的版权法——危机与对策 [M]. 北京：知识产权出版社，2008.

[56] 威廉·M. 兰德斯，理查德·A. 波斯纳. 知识产权法的经济结构 [M]. 金海军，译. 北京：北京大学出版社，2005.
[57] 薛虹. 互联网上的版权及有关保护 [M]. 北京：中国政法大学出版社，1999.
[58] 谢尔登·W. 哈尔彭. 美国知识产权法原理 [M]. 宋慧献，译. 北京：商务印书馆，2013.
[59] 杨继全，冯春梅. 3D打印：面向未来的制造技术 [M]. 北京：化学工业出版社，2014.
[60] 杨立新. 侵权责任法 [M]. 北京：法律出版社，2010.
[61] 袁泳. 论数字版权的利益平衡 [M]. 北京：中国方正出版社，1998.
[62] 赵万一. 民法的伦理分析 [M]. 北京：法律出版社，2012.
[63] 张今. 版权法中私人复制问题研究：从印刷机到互联网 [M]. 北京：中国政法大学出版社，2009.
[64] 张茹，张啸，等. 数字版权管理 [M]. 北京：北京邮电大学出版社，2008.
[65] 郑国辉. 知识产权法学 [M]. 北京：中国政法大学出版社，2010.
[66] 郑成思. 知识产权论 [M]. 3版. 北京：法律出版社，2003.
[67] 朱慧. 激励与接入：版权制度的经济学研究 [M]. 杭州：浙江大学出版社，2009.

二、期刊类

[1] 蔡元臻. 3D打印冲击下专利间接侵权制度研究 [J]. 科技与法律，2014 (1).
[2] 曹琦，李伟，刘鹏. 3D打印对现行知识产权制度的挑战 [J]. 知识产权，2013 (11).
[3] 陈诚，黄晓辉. 从立法视野看我国跨载体复制的私法保护 [J]. 武汉

理工大学学报（社会科学版），2007（1）.
[4] 陈醇. 集中性民事权利的滥用及其控制［J］. 法商研究，2008（6）.
[5] 陈仲伯，曾艺. 3D 打印时代专利侵权判定的思考［J］. 发明与创新，2013（11）.
[6] 程婉秋. 3D 打印技术背后的法律风险及其克服［J］. 北京化工大学学报（社会科学版），2014（3）.
[7] 崔国斌. 网络服务商共同侵权制度之重塑［J］. 法学研究，2013（4）.
[8] 董炳和. 合理使用——著作权的例外还是使用者权利［J］. 法商研究，1998（3）.
[9] 范长军，郭志旭. 3D 打印对专利产品修理与重做规则的挑战［J］. 华中科技大学学报（社会科学版），2014（5）.
[10] 冯晓青，付继存. 著作权法中的复制权研究［J］. 法学家，2011（3）.
[11] 郭振华. 3D 打印技术与社会制造［J］. 宝鸡文理学院学报（自然科学版），2013（4）.
[12] 巩姗姗. 3D 打印技术对专利合理使用的影响［J］. 知识产权，2015（9）.
[13] 管育鹰. 实用艺术品法律保护路径探析——兼论《著作权法》的修改［J］. 知识产权，2012（7）.
[14] 何炼红. 知识产权重叠保护问题［J］. 法学研究，2007（3）.
[15] 胡开忠. 避风港规则在视频分享网站版权侵权认定中的适用［J］. 法学，2009（12）.
[16] 黄亮. 3D 打印著作权问题探讨［J］. 现代出版，2015（2）.
[17] 黄亮. 论避风港规则在 3D 打印专利侵权判定中的移植［J］. 电子知识产权，2015（5）.
[18] 黄玉烨，张慧瑶. 3D 数字模型的复制权保护探析［J］. 中南大学学报（社会科学版），2015（5）.
[19] 姜颖. 作品独创性判定标准比较研究［J］. 知识产权，2004（3）.

[20] 焦和平. “异体复制”的定性与复制规定的完善——以我国《著作权法》第三次修改为契机 [J]. 法律科学, 2014 (4).

[21] 孔祥俊. 论商业外观的法律保护 [J]. 人民司法, 2005 (4).

[22] 李明德. 外观设计的法律保护 [J]. 郑州大学学报 (社会科学版), 2005 (5).

[23] 李明德. 网络环境中的版权保护 [J]. 环球法律评论, 2001 (3).

[24] 李振化, 王桂华. 3D打印技术在医学中的应用研究进展 [J]. 实用医学杂志, 2005 (7).

[25] 李永明, 王君兰. 建筑作品著作权问题研究 [J]. 浙江大学学报 (人文社会科学版), 2008 (1).

[26] 李琛. 论作品定义的立法表述 [J]. 华东政法大学学报, 2015 (2).

[27] 梁志文. 云计算、技术中立与版权责任 [J]. 法学, 2011 (3).

[28] 梁志文. 技术措施界定的比较与评价 [J]. 知识产权, 2003 (2).

[29] 刘步青. 3D打印技术的内在风险与政策法律规范 [J]. 科学·经济·社会, 2013 (2).

[30] 刘砚青. 英国增材制造联盟主席格瑞汉姆·卓曼: “中国或成为最大的3D打印市场” [J]. 中国经济周刊, 2013 (22).

[31] 刘鑫, 余翔. 3D打印技术对专利实施的潜在挑战与对策思考 [J]. 科技进步与对策, 2015 (10).

[32] 李扬. 著作权法意义上的“个人使用”界定 [J]. 电子知识产权, 2010 (7).

[33] 刘强, 罗凯中. 3D打印背景下的专利制度变革研究 [J]. 中南大学学报 (社会科学版), 2015 (5).

[34] 刘强. 3D打印技术专利间接侵权问题研究 [J]. 武陵学刊, 2014 (1).

[35] 刘强. 3D打印视野下的专利间接侵权——兼评《专利法修改草案(征求意见稿)》第71条之规定 [J]. 电子知识产权, 2015 (5).

[36] 刘平. 著作权“间接侵权”理论之检讨与展望 [J]. 知识产权, 2018 (1).
[37] 刘俊, 齐爱民. CC 许可协议的国际化争议及中国化制度兼容性解析 [J]. 江西财经大学学报, 2016 (1).
[38] 吕炳斌. 实用艺术品可版权性的理论逻辑 [J]. 比较法研究, 2014 (3).
[39] 马驰升. 美国“云计算”、“数据流”技术的数字娱乐版权保护及其启示 [J]. 中南大学学报 (社会科学版), 2014 (6).
[40] 马志国. 关于产品设计图纸著作权侵权的认定 [J]. 科技与法律, 1996 (2).
[41] 马忠法, 陈潜. 3D 打印中的“复制”与“合理使用” [J]. 上海财经大学学报, 2015 (3).
[42] 马忠法. 3D 打印中的知识产权问题 [J]. 电子知识产权, 2014 (5).
[43] 马秋芬. 3D 打印产业发展与专利制度变革 [J]. 电子知识产权, 2018 (8).
[44] 梅术文. 基于 3D 打印技术的网络知识产权制度变革研究 [J]. 科技进步与对策, 2016 (24).
[45] 梅夏英, 姜福晓. 数字网络环境中著作权实现的困境与出路——基于 P2P 技术背景下美国音乐产业的实证分析 [J]. 北方法学, 2014 (2).
[46] 宁立志, 王德夫. 论 3D 打印数字模型的著作权 [J]. 武汉大学学报 (哲学社会科学版), 2016 (1).
[47] 彭学龙. 技术发展与法律变迁中的复制权 [J]. 科技与法律, 2006 (1).
[48] 彭学龙. “复制”版权之反思与重构 [J]. 知识产权, 2005 (2).
[49] 瞿昊晖. 论 3D 打印产品设计图作品的使用者利益——以美国为判例 [J]. 中南大学学报 (社会科学版). 2015 (5).
[50] 孙益武. 3D 打印商标使用与侵权认定法律问题研究 [J]. 中南大学学报 (社会科学版), 2015 (5).

[51] 王镓垠．人体器官3D打印的最新进展［J］．机械工程学报，2014（23）．
[52] 王剑锋．专利引诱侵权之主观故意的认定——以美国阿美山姆诉陪肯艾尔案为视角［J］．电子知识产权，2003（8）．
[53] 王迁．论“信息定位服务”提供者“间接侵权”行为的认定［J］．知识产权，2006（1）．
[54] 王迁．论著作权法保护工业设计图的界限——以英国《版权法》的变迁为视角［J］．知识产权，2013（1）．
[55] 王迁．模型作品定义重构［J］．华东政法大学学报，2011（3）．
[56] 王迁．P2P软件最终用户版权侵权问题研究［J］．知识产权，2004（5）．
[57] 王淑君．自我复制技术语境下专利权用尽原则的困境及消解［J］．学术界，2014（8）．
[58] 王淑君．3D打印版权问题研究［J］．中国出版，2015（2）．
[59] 王太平．工业品外观设计的保护模式［J］．科技与法律，2002（3）．
[60] 王文涛，刘燕华．3D打印制造技术发展趋势及对我国结构转型的影响［J］．科技管理研究，2014（6）．
[61] 王雪莹．3D打印技术与茶叶的发展即前景分析［J］．中国高新技术企业，2011（26）．
[62] 王忠宏，李扬帆，张曼茵．中国3D打印产业的现状及其发展思路［J］．经济纵横，2013（1）．
[63] 吴汉东．论网络服务提供者的著作权侵权责任［J］．中国法学，2011（2）．
[64] 吴伟光．版权制度与新媒体技术之间的裂痕与弥补［J］．现代法学，2011（3）．
[65] 伍春艳．试论3D打印背景下专利间接侵权的认定［J］．华中科技大学学报（社会科学版），2014（5）．
[66] 伍春艳，焦洪涛．3D打印技术发展与专利法回应［J］．科技与法

律，2014（4）.
[67] 王凌红．我国专利间接侵权制度的立法方向——以利益平衡为视点求解《专利法》第三次修改的未决立法课题［J］．电子知识产权，2009（6）.
[68] 谢乒．论从平面到立体的转换属于著作权法上的复制［J］．河北工程大学学报（社会科学版），2009（3）.
[69] 熊琦．Web 2．0 时代的著作权法：问题、争议与应对［J］．政法论坛，2014（4）.
[70] 熊琦．音乐著作权许可的制度失灵与法律再造［J］．当代法学，2012（5）.
[71] 熊琦．人工智能生成内容的著作权认定［J］．知识产权，2017（3）.
[72] 熊琦．3D 打印行为的著作权规制——旧瓶能否装新酒？［J］．电子知识产权，2014（5）.
[73] 熊琦．著作权合理使用司法认定标准释疑［J］．法学，2018（1）.
[74] 杨利华．功能性作品著作权保护制度研究［J］．知识产权，2013（11）.
[75] 姚强，王丽平．万能制造机背后的思考——知识产权法视野下 3D 打印技术的风险分析与对策［J］．科技与法律，2013（2）.
[76] 袁博．3D 打印的知识产权侵权风险及对合理使用制度的影响［J］．中华商标，2014（2）.
[77] 杨震晖．论 3D 打印技术所带来的知识产权保护问题［J］．北方工业大学学报，2013（4）.
[78] 于晓白．陈列在室外公共场所的艺术作品的合理使用［J］．人民司法，2005（5）.
[79] 张今．版权法上“技术中立”的反思与评析［J］．知识产权，2008（1）.
[80] 张今，宁静．技术变迁中的个人使用［J］．电子知识产权，2008（1）.
[81] 张韬略．开源软件的知识产权问题研究——制度诱因、规则架构及

理论反思［J］. 网络法律评论，2004（2）.
［82］张韬略，黄洋. 3D打印时代我国专利权人的维权困局及出路［J］. 电子知识产权，2014（5）.
［83］张晓龙. 我国知识产权制度应对3D打印技术发展的路径选择——以三螺旋模式理论为视角［J］. 河南师范大学学报（哲学社会科学版），2016（5）.
［84］张心全. 论异形转换是否构成复制——以“平面到立体”为视角［J］. 时代法学，2008（4）.
［85］张玉敏，邓宏光. 专利间接侵权制度三论［J］. 学术论坛，2006（1）.
［86］朱丹. 关于建立我国专利间接侵权制度的思考［J］. 人民司法·应用，2009（1）.
［87］赵海燕. 作品独创性判断标准及主体认定［J］. 陕西行政学院学报，2014（3）.
［88］郑友德，王活涛. 论规制3D打印的法政策框架构建［J］. 电子知识产权，2014（5）.
［89］郑盛梓，姚涵珍，等. 面向三维CAD技术的工程制图教学研究［J］. 东华大学学报（自然科学版），2005（4）.
［90］周春慧. 利益格局下知识产权法对3D打印技术发展的回应及思考［J］. 电子知识产权，2014（10）.

英文参考文献

［1］Adams，M. The “Third Industrial Revolution” 3D Printing Technology and Australian Designs Law［J］. Journal of Law，Information and Science，2015，24（1）：22－79.
［2］Ammar，J.，Craufurd Smith，R. When is a Trade Mark use not a Trade Mark Use? A 3D Perspective［J］. International Journal of Law and Inter-

disciplinary Legal Studies, 2015, 1 (1): 345 - 443.

[3] Anderson, C. Makers: The New Industrial Revolution [M]. New York: Crown Press, 2012.

[4] Appleyard, M. Corporate responses to online music piracy: Strategic lessons for the challenge of additive manufacturing [J]. Business Horizons, 2015, 58 (1): 69 - 76.

[5] Auty, R. M. Consequences of an autarkic industrial policy for a large low - income country: India[J]. Geoforum, 1993, 24 (2): 127 - 130.

[6] Ballardini, R., Norrgard, M., Minssen, T. Enforcing patents in the era of 3D printing [J]. Journal of Intellectual Property and Practice, 2015, 10 (11): 850 - 866.

[7] Banister, D., Hickman, R. Transport futures: Thinking the unthinkable [J]. Transport Policy, 2013, 29.

[8] Beebe, B. Shanzhai. Sumptuary Law, and Intellectual Property Law in Contemporary China [J]. University of California Davis Law Review, 2014, 47 (3): 283 - 293.

[9] Bell, S., Walker, S. Futurescaping Infinite Bandwidth, Zero Latency [J]. Futures, 2011, 43 (5): 525 - 539.

[10] Beltrametti, L., Gasparre, A. Industrial 3D printing in Italy [J]. International Journal of Manufacturing Technology and Management, 2018, 32 (1): 1 - 22.

[11] Ben - Ner, A., Siemsen, E. Decentralization and Localization of Production: The Organizational and Economic Consequences of Additive Manufacturing (3D Printing) [J]. California Management Review, 2017, 59 (2): 5 - 23.

[12] Berman, B. 3D printing: The new industrial revolution [J]. Business

Horizons, 2012, 55 (2): 155 - 162.

[13] Bhasin, V., Bodla, M. R. Impact of 3D printing on global supply chains by 2020 [J]. M. Eng in Logistics, MIT, Massachusetts, 2014: 81 - 82.

[14] Birtchnell, T. Elites. Elements and Events: Practice Theory and Scale [J]. Journal of Transport Geography, 2012, 24: 497 - 502.

[15] Birtchnell, T. Indovation: Innovation and a Global Knowledge Economy in India [M]. Basingstoke: Palgrave Macmillan, 2013.

[16] Birtchnell, T., Böhme, T., Gorkin, R. 3D printing and the third mission: The university in the materialization of intellectual capital [J]. Technological Forecasting and Social Change, 2017, 123: 240 - 249.

[17] Birtchnell, T., Urry, J. A New Industrial Future? 3D Printing and the Reconfiguring of Production, Distribution, and Consumption [M]. London: Routledge, 2016.

[18] J. Spinney, S. Reimer, P. Pinch, Mobilising Design: Intersections, Affordances, Relations [M]. Abingdon: Routledge, 2017.

[19] Bogers, M., Hadar, R., Bilberg, A. Additive manufacturing for consumer - centric business models: Implications for supply chains in consumer goods manufacturing [J]. Technological Forecasting and Social Change, 2016 (102): 225 - 239.

[20] Bradshaw, S., Bowyer, A., Haufe, P. The Intellectual Property Implications of Low - Cost 3D Printing [J]. SCRIPT - ED, 2010, 7 (1): 5 - 31.

[21] Brean, D. Asserting Patents to Combat Infringement via 3D Printing [J]. Fordham Intellectual Property, Media and Entertainment Law Journal, 2013, 23 (3): 1 - 44.

[22] Brean, D. Patenting Physibles: A Fresh Perspective for Claiming 3D - Printable Products [J]. Santa Clara Law Review, 2015, 55 (4): 1 - 28.

[23] Brosius, C. India's Middle Class: New Forms of Urban Leisure, Consumption and Prosperity [M]. Abingdon: Routledge, 2010.

[24] Brown, R. Made in China 2025: Implications of Robotization and Digitalization on MNC Labor Supply Chains and Workers' Labor Rights in China [J]. Tsinghua China Law Review, 2017, 9 (2): 1 - 36.

[25] Campbell, I., Bourell, D., Gibson, I. Additive manufacturing: Rapid prototyping comes of age [J]. Rapid Prototyping Journal, 2012, 18 (4): 255 - 258.

[26] Cao, Q. Insight into weak enforcement of intellectual property rights in China [J]. Technology in Society, 2014 (38): 40 - 47.

[27] Chan, J., Enimil, S. Copyright Considerations for Providing 3D Printing Services in the Library [J]. Bulletin of the Association for Information Science and Technology, 2015, 42 (1): 40 - 47.

[28] Chen, D., Heyer, S., Ibbotson, S., et al. S. Direct digital manufacturing: Defnition, evolution, and sustainability implications [J]. Journal of Cleaner Production, 2015 (107): 615 - 625.

[29] Chen, K. K. Prosumption: From Parasitic to Prefgurative [J]. The Sociological Quarterly, 2015, 56 (3): 446 - 459.

[30] Choi, J. The rise of 3D printing and the role of user frms in the U. S.: Evidence from patent data [J]. Technology Analysis & Strategic Management, 2018, 30 (10): 1195 - 1209.

[31] Daly, A. Socio - Legal Aspects of the 3D Printing Revolution [M]. London: Palgrave Macmillan, 2016.

[32] Daly, A., Thomas, J. Australian Internet Policy [J]. Internet Policy

Review, 2017, 6 (1): 1 – 12.

[33] D'Aveni, R. The 3 – D printing revolution [J]. Harvard Business Review, 2015, 93 (5): 34.

[34] Deradjat, D., Minshall, T. Implementation of rapid manufacturing for mass customisation [J]. Journal of Manufacturing Technology Management, 2017, 28 (1): 95 – 121.

[35] Desai, D., Magliocca, G. Patents, Meet Napster: 3D Printing and the Digitization of Things [J]. Georgetown Law Journal, 2014, 102 (10): 1691 – 1721.

[36] Despeisse, M., Baumers, M., Brown, P. Unlocking value for a circular economy through 3D printing: A research agenda [J]. Technological Forecasting and Social Change, 2017 (115): 75 – 84.

[37] Doherty, D. Downloading infringement: Patent law as a roadblock to the 3D printing revolution [J]. Harvard Journal of Law and Technology, 2012, 26 (1): 353 – 373.

[38] Dreborg, K. H. Essence of backcasting [J]. Futures, 1996, 28 (9): 813 – 828.

[39] Eisenberg, M. 3D Printing for Children: What to Print Next? [J]. International Journal of Child – Computer Interaction, 2013, 1 (1): 7 – 13.

[40] Esmond, R. W., Phero, G. C. The additive manufacturing revolution and the corresponding legallandscape [J]. Virtualand Physical Prototyping, 2015, 10 (1): 9 – 12.

[41] Eyers, D. R., Potter, A. T. E – commerce channels for additive manufacturing: An exploratory study [J]. Journal of Manufacturing Technology Management, 2015, 26 (3): 22.

[42] Favale, M. Fine – tuning European copyright law to strike a balance be-

tween the rightsof owners and users [J]. European Law Review, 2008 (33): 23.

[43] Finocchiaro, C. W. Personal Factory or Catalyst for Piracy: The Hype, Hysteria, and Hard Realities of Consumer 3 - D Printing [J]. Cardozo Arts & Entertainment, 2013, 31 (3): 473 -506.

[44] Ford, S. Additive Manufacturing Technology: Potential Implications for U. S. Manufacturing Competitiveness [J]. Journal of International Commerce and Economics, 2014, 6 (1): 1 -35.

[45] Ford, S., Despeisse, M. Additive manufacturing and sustainability: An exploratory study of the advantages and challenges [J]. Journal of Cleaner Production, 2016, 137 (10): 1573 -1578.

[46] Fox, S. Paradigm - shift: Do - it - yourself (DIY) invention and production of physical goods for use or sale [J]. Journal of Manufacturing Technology Management, 2013, 24 (2): 218 -234.

[47] Garrett, B. 3D Printing: New Economic Paradigms and Strategic Shifts [J]. Global Policy, 2014, 5 (1): 70 -75.

[48] Gebler, M. Aglobal sustainability perspective on 3D printing technologies [J]. Energy Policy, 2014, 74 (1): 158 -167.

[49] Geels, F. W. A socio - technical analysis of low - carbon transitions: Introducing the multi - level perspective into transport studies [J]. Journal of Transport Geography, 2012, 24 (C): 471 -482.

[50] Gibson, I., Rosen, D. W., Stucker, B. Additive Manufacturing Technologies: 3D Printing, Rapid Prototyping, and Direct Digital Manufacturing [M]. New York: Springer, 2015.

[51] Griffths, C. A., Howarth, J., De Almeida - Rowbotham, G. et al. A design of experiments approach for the optimisation of energy and waste

during the production of parts manufactured by 3D printing [J]. Journal of Cleaner Production, 2016 (139): 74 - 85.

[52] Grimmelmann, J. Indistinguishable from Magic: A Wizard's Guide to Copyright and 3D Printing [J]. Washington & Lee Law Review, 2014, 71 (1): 1 - 15.

[53] Grondeau, A. Formation and emergence of ICT clusters in India: The case of Bangalore and Hyderabad [J]. Geo Journal, 2007, 68 (1): 31 - 40.

[54] Holbrook, T., Osborn, L. Digital Patent Infringement in an Era of 3D Printing [J]. UC Davis Law Review, 2015 (48): 1319 - 1385.

[55] Holland, J. Intellectual Property Rights in China: Patents and Economic Development [J]. Nnamdi Azikiwe University Journal of International Law and Jurisprudence, 2017, 8 (1): 40 - 45.

[56] Holmström, J., Partanen, J., Tuomi, J. et al. Rapid manufacturing in the spare parts supply chain: Alternative approaches to capacity deployment [J]. Journal of Manufacturing Technology Management, 2010, 21 (6): 687 - 697.

[57] Huang, S. H., Liu, P., Mokasdar, A. et al. Additive manufacturing and its societal impact: A literature review [J]. International Journal of Advanced Manufacturing Technology, 2013, 67 (5): 1191 - 1203.

[58] Huang, Y., Leu, M., Mazumder, J. et al, A. Additive manufacturing: Current state, future potential, gaps and needs, and recommendations [J]. Journal of Manufacturing Science and Engineering, 2015, 173 (2): 1 - 10.

[59] Jiang, R., Kleer, R., Piller, F. T. Predicting the future of additive manufacturing: A Delphi study on economic and societal implications of 3D printing for 2030 [J]. Technological Forecasting and Social Change,

2017, 117 (4): 84 - 97.

[60] Jin, Y., Ji, S., Li, X. et al. Ascientometric review of hotspots and emerging trends in additive manufacturing [J]. Journal of Manufacturing Technology Management, 2017, 28 (1) 18 - 38.

[61] Johan, S. Automating amateurs in the 3D printing community: Connecting the dots between deskilling & user - friendliness [J]. Work OrganisationLabour & Globalisation, 2013, 7 (1): 124 - 139.

[62] Jones, B. 3D Printing in Libraries: A View from Within the American Library Association: Privacy, Intellectual Freedom and Ethical Policy Framework [J]. Bulletin of the Association for Information Science and Technology, 2015, 42 (1): 36 - 41.

[63] Kaivo - oja, J., Ahlqvist, T., Kuusi, O. et al. New industrial platforms and radical technology foresight: The case of 3D printing in Finland and Europe [J]. International Journal of Manufacturing Technology and Management, 2018, 32 (1): 65 - 84.

[64] Karunakaran, K., Suryakumar, S., Pushpa, V. et al. Low cost integration of additive and subtractive processes for hybrid layered manufacturing [J]. Robotics and Computer - Integrated Manufacturing, 2010, 26 (5): 490 - 499.

[65] Katz, R. Modern Infringements: The Unsavory Side of 3D Printing and Digital Replicas [J]. DMI Review, 2016, 27 (4): 30 - 35.

[66] Keane, M. Internet + China: Unleashing the Innovative Nation Strategy [J]. International Journal of Cultural and Creative Industries, 2016, 3 (2): 68 - 74.

[67] Khajavi, S. H., Partanen, J., Holmstrom, J. Additive manufacturing in the spare parts supply chain [J]. Computers in Industry, 2014, 65

(1): 50 – 63.

[68] Khoury, A. The Makings of an "Individualized – Industrial" Revolution: Three Dimensional Printing and Its Implications on Intellectual Property Law [J]. Journal of High Technology Law, 2015, 16 (1): 1 – 28.

[69] Kietzmann, J., Pitt, L., Berthon, P. Disruptions, decisions, and destinations: Enter the age of 3 – D printing and additive manufacturing [J]. Business Horizons, 2015, 58 (2): 209 – 215.

[70] Kohtala, C. Addressing sustainability in research on distributed production: An integratedliterature review [J]. Journalof Cleaner Production, 2015, 106 (1): 654 – 668.

[71] Kostakis, V., Niaros, V., Dafermos, G. et al. Design global, manufacture local: Exploring the contours of an emerging productive model [J]. Futures, 2015, 73 (1): 126 – 135.

[72] Kothman, I., Faber, N. How 3D printing technology changes the rules of the game: Insights from the construction sector [J]. Journal of Manufacturing Technology Management, 2016, 27 (7): 1 – 6.

[73] Li, L. China's manufacturing locus in 2025: With a comparison of "Made – in – China 2025" and "Industry4.0" [J]. Technological Forecasting and Social Change, 2017 (135): 66 – 74.

[74] Li, P. 3D bioprinting technologies: Patents, innovationand access [J]. Law, Innovation and Technology, 2014, 6 (2): 282 – 304.

[75] Li, P., Mellor, S., Griffn, J. et al. Intellectual Property and 3D Printing: A Case Study on 3D Chocolate Printing [J]. Journal of Intellectual Property Law and Practice, 2014, 9 (4): 322 – 332.

[76] Liddicoat, J., Nielsen, J., Nicol, D. Three Dimensions of Patent Infringement: Liability for Creation and Distribution of CAD Files [J].

Australian Intellectual Property Journal, 2016, 26 (4): 1 – 14.

[77] Lindtner, S., Li, D. Created in China: The Makings of China's Hackerspace Community [J]. Interactions, 2010, 19 (6): 18 – 22.

[78] Lindtner, S. Hackerspaces and the Internet of Things in China: How makers are reinventing industrial production, innovation and the self [J]. China Information, 2014, 28 (2): 145 – 167.

[79] Lindtner, S. Hacking with Chinese Characteristics: The Promises of the Maker Movement against China's Manufacturing Culture [J]. Science, Technology, & Human Values, 2015, 40 (5): 854 – 879.

[80] Lind, J., Kälvemark Sporrong, S., Kaae, S. et al. Social aspects in additive manufacturing of pharmaceutical products [J]. Expert Opinion on Drug Delivery, 2016, 14 (8): 927 – 936.

[81] Lipson, H. Is additive manufacturing a real revolution? [J]. 3D Printing and Additive Manufacturing, 2014, 1 (2): 61.

[82] Liu, H. Consequences of Legal Transplantation: The Unique Justifcations and Roles of Enforcement of Intellectual Property Rights in China [J]. Journal of Law, Technology and Public Policy, 2015, 1 (3): 1 – 53.

[83] Ma, S. Mass Customisation: Designed in China, Produced Globally [J]. Architectural Design, 2017, 87 (6): 58 – 63.

[84] Maric, J., Rodhain, F., Barlette, Y. Frugal innovations and 3D printing: Insights from the feild [J]. Journal of Innovation Economics & Management, 2016, 21 (3): 57 – 76.

[85] Mehta, A. The Politics of Piracy: Intellectual Property in Contemporary China [M]. Ithaca: Cornell University Press, 2007.

[86] Mellor, S., Hao, L., Zhang, D. Additive manufacturing: A framework for implementation [J]. International Journal of Production Economics,

2014，149：194－201.

[87] Mendis，D. "The Clone Wars" －Episode I：The rise of 3D printing and its implications for intellectual property law－Learning lessons from the past? [J]. European Intellectual Property Review，2013，35（5）：155－169.

[88] Mendis，D. "Clone Wars"：Episode II－The Next Generation：The Copyright Implications Related to 3D Printing and Computer－Aided Design（CAD）Files [J]. Law，Innovation and Technology，2014，6（2）：265－281.

[89] Mimler，M. 3D Printing，the Internet and Patent Law－A History Repeating? [J] La Rivista di DirittoIndustriale，2013，62（6）：352－370.

[90] Moore，G. A. Crossing the Chasm [M]. New York：Harper Business，1991.

[91] Mortara，L.，Parisot，N. How do fab－spaces enable entrepreneurship? Case studies of "makers" －entrepreneurs [J]. International Journal of Manufacturing Technology and Management，2018，32（1）：16－42.

[92] Oettmeier，K.，Hofmann，E. Impact of additive manufacturing technology adoption on supply chain management processes and components [J]. Journal of Manufacturing Technology Management，2016，27（27）：944－968.

[93] Osborn，L. Intellectual Property Channeling for Digital Works [J]. Cardozo Law Review，2018（39）：1303－1362.

[94] Pearce，J. A novel approach to obviousness：An algorithm for identifying prior art concerning 3－D printing materials [J]. World Patent Information，2015（42）：13－18.

[95] Petrick，I. J.，Simpson，T. W. 3D printing disrupts manufacturing：How economies of one create new rules of competition [J]. Research－

Technology Management, 2013, 56 (6): 12 –16.

[96] Petrovic, V., Haro, J. V., Gonzalez, J. et al. Additive layered manufacturing: Sectors of industrial application shown through case studies [J]. International Journal of Production Research, 2011, 49 (4): 1061 –1079.

[97] Prabhu, J. Frugal innovation: Doing more with less for more [J]. Philosophical Transactions of the Royal Society A: Mathematical, Physical and Engineering Sciences, 2017, 375 (2095): 19 –22.

[98] Prahalad, C. K. The Fortune at the Bottom of the Pyramid: Eradicating Poverty Through Profts [M]. New York: Wharton School Publishing, 2010.

[99] Ratto, M., Ree, R. Materializing information: 3D printing and social change [J]. First Monday, 2012, 17 (2): 1 –20.

[100] Rayna, T., Barbier, L. Fighting consumer piracy with graduated response: An evaluation of the French and British implementations [J]. International Journal of Foresight and Innovation Policy, 2010, 6 (4): 294 –314.

[101] Rayna, T., Striukova, L. Open innovation 2.0: Is co – creation the ultimate challenge? [J]. International Journal of Technology Management, 2015, 69 (1): 38 –53.

[102] Rayna, T., Striukova, L., Darlington, J. Co – creation and user innovation: The role of online 3D printing platforms [J]. Journal of Engineering and Technology Management, 2015, 37 (1): 90 –102.

[103] Rideout, B. Printing the Impossible Triangle: The Copyright Implications of Three Dimensional Printing [J]. Journal of Business Entrepreneurship and the Law, 2011, 5 (1): 161 –176.

[104] Rimmer, M. The Maker Movement: Copyright Law, Remix Culture and

3D Printing [J]. University of Western Australia Law Review, 2017, 41 (2): 51 – 84.

[105] Rimock, M. An Introduction to the Intellectual Property Law Implications of 3D Printing [J]. Canadian Journal of Law and Technology, 2015, 13 (1): 1 – 31.

[106] Ritzer, G., Jurgenson, N. Production, Consumption, Prosumption [J]. Journal of Consumer Culture, 2010, 10 (1): 13 – 36.

[107] Rogers, H., Baricz, N., Pawar, K. S. 3D printing services: Classification, supply chain implications and research agenda [J]. International Journal of Physical Distribution & Logistics Management, 2016, 46 (10): 886 – 907.

[108] Roth, S. The cash is in the medium, not in the machine: Toward the golden moments of 3D printing [J]. International Journal of Manufacturing Technology and Management, 2018, 32 (1): 5 – 15.

[109] Rylands, B., Böhme, T., Gorkin, R. et al. The adoption process and impact of additive manufacturing on manufacturing systems [J]. Journal of Manufacturing Technology Management, 2016, 27 (7): 969 – 989.

[110] Samuelson, P., Scotchmer, S. The Law and Economics of Reverse Engineering [J]. Yale Law Journal, 2002, 111 (70): 1577 – 1662.

[111] Sasson, A., Johnson, J. C. The 3D printing order: Variability, supercenters and supply chain reconfgurations [J]. International Journal of Physical Distribution & Logistics Management, 2016, 46 (1): 82 – 94.

[112] Simon, M. When Copyright Can Kill: How 3D Printers are Breaking the Barriers between "Intellectual" Property and the Physical World [J]. Pace Intellectual Property, Sports and Entertainment Law Forum, 2013, 3 (1): 58 – 97.

[113] Steenhuis, H. J. , Pretorius, L. Consumer additive manufacturing or 3D printing adoption: An exploratory study [J]. Journal of Manufacturing Technology Management, 2016, 27 (7): 990 - 1012.

[114] Stein, J. A. The Political Imaginaries of 3D Printing: Prompting Mainstream Awareness of Design and Making [J]. Design and Culture, 2017, 9 (1): 3 - 27.

[115] Thierer, A. , Marcus, A. Guns, Limbs, and Toys: What Future for 3D Printing? [J]. Minnesota Journal of Law, Science & Technology, 2016, 17 (2): 807 - 854.

[116] Tonn, B. , Stiefel, D. Willow Pond: A Decentralized Low - Carbon Future Scenario [J]. Futures, 2014 (58): 91 - 102.

[117] Van Overwalle, G. , Leys, R. 3D Printing and Patent Law: A Disruptive Technology Disrupting Patent Law? [J] International Review of Intellectual Property and Competition Law (IIC), 2017, 48 (5): 1 - 31.

[118] Ventola, C. L. Medical Applications for 3D Printing: Current and Projected Uses [J]. Pharmacy & Therapeutics, 2014, 39 (10): 704 - 711.

[119] Waelde, C. , Laurie, G. , Brown, A. et al. Contemporary intellectual property, law and policy [M]. Oxford: Oxford University Press, 2013.

[120] Weinberg, M. It Will be Awesome If They Don't Screw It Up [R]. Public Knowledge White Paper, 2010.

[121] Weinberg, M What's the Deal with Copyright and 3D Printing? [R]. Public Knowledge White Paper, 2013.

[122] West, J. , Kuk, G. The complementarity of openness: How MakerBot leveraged Thingiverse in 3D printing [J]. Technological Forecasting and Social Change, 2016 (102): 169 - 181.

[123] Wilbanks, K. The Challenges of 3D Printing to the Repair – Reconstruction Doctrine in Patent Law [J]. George Mason Law Review, 2013, 20 (4): 1 – 44.

[124] Wittbrodt, B. T., Glover, A. G., Laureto, J. et al. Life – cycle economic analysis of distributed manufacturing with opensource 3D printers [J]. Mechatronics, 2013, 23 (6): 713 – 726.

[125] Yanisky – Ravid, S., Kwan, K. 3D Printing the Road Ahead: The Digitization of Products when Public Safety Meets Intellectual Property Rights—A New Model [J]. Cardozo Law Review, 2017, 38 (3): 1 – 38.